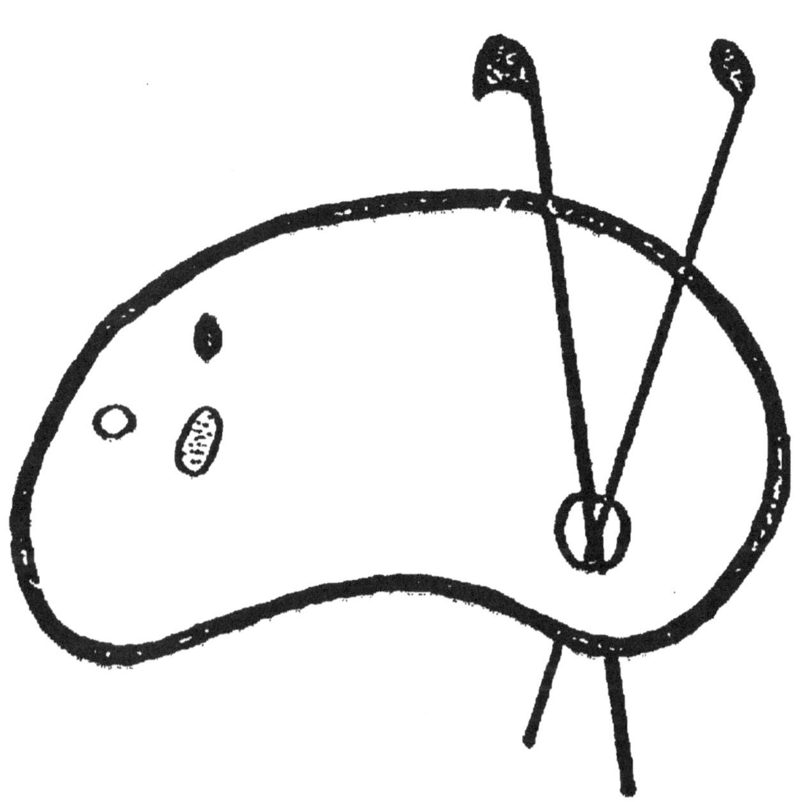

DEBUT D'UNE SERIE DE DOCUMENTS
EN COULEUR

FACULTÉ DE DROIT DE PARIS

DROIT ROMAIN

THÉORIE DES FAUTES

DROIT FRANÇAIS

FAUTE CONTRACTUELLE
ET FAUTE DÉLICTUELLE

THÈSE POUR LE DOCTORAT

L'ACTE PUBLIC SUR LES MATIÈRES CI-DESSUS

Sera soutenu le lundi 5 juin 1893, à 1 heures du soir.

PAR

Henri AUVYNET

Président : M. ESMEIN, *professeur.*
Suffragants MM. CAUVVÈS, *professeur.*
BEAUREGARD, *professeur.*
GIRARD, *agrégé.*

PARIS

A. DURAND ET PEDONE-LAURIEL, ÉDITEURS
LIBRAIRES DE LA COUR D'APPEL ET DE L'ORDRE DES AVOCATS
G. PEDONE-LAURIEL, SUCCESSEUR
13, RUE SOUFFLOT, 13

1893

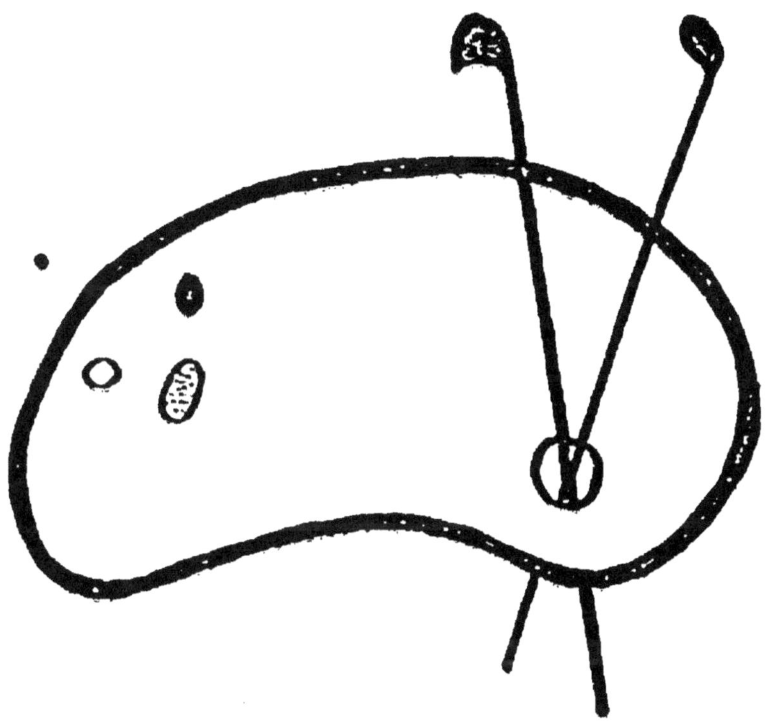

FIN D'UNE SÉRIE DE DOCUMENTS
EN COULEUR

THÈSE

POUR

LE DOCTORAT

FACULTÉ DE DROIT DE PARIS

DROIT ROMAIN

THÉORIE DES FAUTES

DROIT FRANÇAIS

FAUTE CONTRACTUELLE
ET FAUTE DÉLICTUELLE

THÈSE POUR LE DOCTORAT

L'ACTE PUBLIC SUR LES MATIÈRES CI-DESSUS

Sera soutenu le lundi 5 juin 1893, à 1 heures du soir.

PAR

Henri AUVYNET

Président : M. ESMEIN, *professeur.*

Suffragants : MM. CAUVVÈS, *professeur.*
BEAUREGARD, *professeur.*
GIRARD, *agrégé.*

PARIS

A. DURAND ET PEDONE-LAURIEL, ÉDITEURS

LIBRAIRES DE LA COUR D'APPEL ET DE L'ORDRE DES AVOCATS

G. PEDONE-LAURIEL, SUCCESSEUR

13, RUE SOUFFLOT, 18

1893

THÉORIE DES FAUTES

INTRODUCTION.

La responsabilité des actions de l'homme a pour fondement sa liberté et sa volonté. Lorsque aucune contrainte extérieure ne s'impose à lui, lorsqu'il jouit de sa raison, il est tenu de s'abstenir des actes contraires à la morale et au droit.

Il existe d'importantes différences entre la faute, manquement à la seule morale, et la faute, manquement au droit.

D'abord, très souvent, du manquement à la seule morale ne résulte aucun préjudice pour autrui. Si nous nous plaçons au contraire au point de vue du droit privé, le seul qui doive nous occuper dans ce travail, toute faute, tout manquement suppose l'existence d'un dommage, c'est ce que nous verrons et expliquerons par la suite. Cette nécessité est rappelée par l'adage : sans intérêt pas d'action.

En second lieu, tandis que le manquement à la seule morale, n'a d'autre sanction que la peine morale et immatérielle qu'inflige la conscience, le manquement aux prescriptions du législateur a, au contraire, pour effet de faire infliger à son auteur une peine matérielle, ou tout au moins de mettre à sa charge une obligation de réparer le dommage injustement causé.

Dans cette thèse, nous ne nous occuperons, ainsi que nous venons de le dire, que du droit privé ; et nous étudierons la faute, et la responsabilité qui en découle dans deux situations très différentes.

I. — L'homme vivant en société est tenu de s'abstenir de certains actes qui peuvent devenir pour autrui la cause d'un préjudice ; la sanction de cette prohibition, est une obligation de réparer le dommage causé, et dans certaines hypothèses l'application d'une peine. Nous étudierons cette première source de responsabilité dans notre première partie, que nous intitulerons : *De la loi Aquilia.*

II. — Les hommes ne restent pas toujours sur ce terrain général et ils forment des conventions entre eux, conventions qui sont investies par le législateur du pouvoir de créer des liens d'obligation entre les parties ; en vertu de ces liens le créancier est armé d'une action pour réclamer la prestation du service promis, ou pour obtenir une com-

pensation, au cas où l'obligation resterait inexécutée, ou deviendrait inexécutable par la faute du débiteur.

Nous étudierons cette seconde source de responsabilité dans notre seconde partie, que nous intitulerons : *Faute contractuelle.*

PREMIÈRE PARTIE

CHAPITRE I.

LA LOI AQUILIA.

La loi Aquilia est un plébiscite rendu sur la proposition du tribun Aquilius. Nous connaissons peu les origines de cette loi. Son rédacteur Aquilius a quelquefois été confondu avec Aquilius Gallus, le *familiaris* de Cicéron. C'est une erreur, car la loi Aquilia est antérieure à l'époque de Brutus. Quant à sa date, elle est l'objet d'une controverse et nous n'apporterons sur ce point aucune affirmation, nous dirons seulement qu'elle est incertaine.

Pour bien comprendre l'objet de cette loi, il faut laisser de côté nos idées modernes, où l'idée de peine est toujours si bien et si entièrement séparée de celle de réparation. A Rome, la peine ne consistant souvent qu'en une augmentation des dommages et intérêts faisait l'objet de l'action même en réparation du dommage.

Il existait bien cependant à Rome une action publique mais elle ne s'appliquait qu'à certaines catégories de délits, et le plus souvent l'action civile suffisait pour obtenir la punition du coupable, on disait dans ce cas que l'action était pénale. L'action de la loi Aquilia doit être rangée dans cette catégorie.

Le délit que réprime cette loi est le *damnum injuria datum*, appelé aussi *damnum injuria*, ou simplement *damnum*.

Ulpien (L. 1 h. t.) nous dit que cette loi abrogea plusieurs lois antérieures qui punissaient le *damnum injuria datum*. Du reste. aucune de ces lois n'est arrivée jusqu'à nous et nous devons en chercher la raison dans ce fait qu'étant abrogées il était inutile qu'elles fussent rappelées par les jurisconsultes.

La lex Aquilia contenait trois chefs.

I. — Gaius nous a conservé les termes mêmes dans lesquels était exprimé ce premier chef : *Qui servum servamve alienum, alienamœ, quadrupedem vel pecudem injuria occiderit, quanti id in eo anno plurimi fuit, tantum æs dare damnas erto, etc.*

Comme toutes les dispositions de la législation primitive des Romains, celle-ci devait être prise au pied de la lettre, et lorsque nous nous occuperons de l'action *legis Aquiliæ* nous verrons la genèse de la théorie romaine sur ce point. Mais nous pouvons dire tout de suite que l'action directe ne pouvait être exercée qu'autant que le *damnum* avait pour objet un esclave ou un animal dont le genre avait été déterminé avec le plus grand soin par les jurisconsultes.

Il était nécessaire, nous dit Gaius, que le quadrupède dont il est parlé fût *pecudum numero*, ou encore qu'il ait coutume de vivre *gregatim*. Comme exemple, le même jurisconsulte nous cite : les brebis, les chevaux, les mulets, tous animaux qui vivent en troupeau ; mais le chien devrait assurément être exclu de cette énumération.

Le mot *occiderit* doit aussi être pris dans un sens assez large, pourvu toutefois que le dommage ait été causé *corpore corpori*. Nous étudierons plus loin le sens de ces expressions ; mais, une fois mise de côté cette exigence, peu importe que la mort ait été instantanée ou lente, peu importe en outre la façon dont elle a été causée.

II. — Avant la découverte du manuscrit de Gaïus, en 1816, on connaissait l'existence de ce second chef de la loi Aquilia, mais on ignorait absolument quelle en était la teneur ; les Instituts de Justinien en mentionnent bien l'existence, mais seulement pour en constater la désuétude. Aussi avait-on fait sur ce point de nombreuses conjectures dont la découverte du manuscrit des commentaires est venu démontrer l'inanité. Gaïus indique ainsi le contenu de ce second chef : *capite secundo in adstipulatorem qui pecuniam in fraudem stipulatoris acceptam fecerit, quanti ea res erit tanti actio constituitur.* Cette seconde partie de la loi avait donc pour objet de faire condamner l'adstipulateur qui avait fait remise de la dette en fraude du créancier.

L'adstipulateur en effet, quoique en fait, il ne fût que le mandataire du créancier, avait cependant, et de son propre chef, droit de faire remise de la dette; ceci présentait un grand danger pour le créancier, danger contre lequel on voulut le sauvegarder, dans ce second chapitre. Gaïus nous dit (§ 216, L. III) que l'adstipulateur étant déjà tenu par l'action *mandati* jusqu'à concurrence de la créance qu'il a frauduleument éteinte, le seul intérêt de la seconde disposition de la loi se trouve dans cette considération que la condamnation croissait au double *contra inficiantem.*

Nous étudierons ce caractère plus loin. Il nous semble que cette considération est bien peu importante pour avoir entraîné la création d'un texte de lois ; nous pensons plus tôt, avec M. Labbé (1) que la loi Aquilia étant antérieure très probablement à la création des actions de bonne foi, le stipulant principal n'avait pas alors l'action *mandati,* et la loi Aquilia, § 2, avait alors pour lui un intérêt très grand.

1. *Bulletin du droit commercial,* 1886-1887.

III.—Le troisième chef est beaucoup plus compréhensif que le premier, il a cependant cela de commun avec lui, qu'il vise la destruction ou la détérioration d'objets corporels. Ulpien nous en donne la formule : *cæterarum rerum, præter hominem et pecudem occisos, si quis alteri damnum faxit, quod usserit, fregerit, ruperit injuria ; quanti ea res erit in diebus triginta proximis tantum æs domino dare damnas esto.* Il complète le premier chef et corrige ce qu'il pouvait avoir de trop exclusif. Il en diffère sur deux points — a) il prévoit le dommage dont une chose corporelle quelconque a été l'objet — b) même pour l'esclave et les animaux compris sous le premier chef, il prévoit la simple blessure et par conséquent la détérioration, là ou le premier ne prévoyait que la mort, c'est-à-dire la destruction. Les jurisconsultes s'étaient demandé quelle était celle de ces deux parties de la loi qu'on devait appliquer dans certaines hypothèses assez compliquées, dans celle-ci par exemple : Primus a frappé un esclave mortellement, et Secundus l'a achevé : ce cas est prévu par le jurisconsulte Julien dans la loi 51 pr. IX. T. II, et le jurisconsulte se demandant si dans ce cas tous les deux doivent être tenus du premier chapitre de la loi, ou si Primus ne doit pas être plutôt simplement tenu du chapitre 3°, répond que les deux doivent être tenus du premier chapitre.

Ulpien était d'un autre avis et admettait que Secundus seul devait être soumis à cette rigueur; tandis que Primus n'était tenu que du 3ᵉ chapitre. On explique en général cette différence entre les opinions des deux jurisconsultes en disant : que les hypothèses prévues ne sont pas les mêmes. Julien, en effet, suppose que la seconde blessure n'était pas nécessairement mortelle, et qu'elle ne l'était devenue que parce qu'elle succédait à une première, qui elle-même fut devenue mortelle avec le temps. Ulpien supposerait au contraire que la dernière blessure était à elle seule certainement mortelle (telle serait la décapitation) de telle sorte que bien qu'elle fût par elle-même mortelle, la première blessure n'aura probablement été pour rien dans la mort de l'esclave ou de l'animal.

Laissant de côté le second chef de la loi qui ne rentre nullement dans l'économie générale des deux autres chapitres, voyons quelles sont les conditions d'existence du *damnum injuria datum*.

1. La première condition est l'existence d'un *damnum*, préjudice causé à autrui, car sans dommage, le demandeur n'a pas d'intérêt à réclamer, et il n'a par conséquent droit à aucune action.

Mais de quel dommage s'agit-il ici ?

On peut causer un préjudice à autrui soit en détruisant une de ses richesses, soit en l'empêchant d'en acquérir ; en d'autres termes, le dommage peut comprendre seulement le *damnum emergens*, ou bien le *lucrum cessans* peut venir se joindre à ce premier élément. Les jurisconsultes admettaient plus facilement le *damnum emergens* que le *lucrum cessans*. Ce dernier est en effet moins précis et plus difficile à prouver. Qu'en était-il en notre matière.

Bien que les expressions *lucrum cessans* et *damnum emergens*, doivent leur origine aux jurisconsultes modernes, nous pensons avec M. Mainz que les Romains admettaient la distinction qu'ils représentent (1). Et dans notre matière nous sommes, je crois, autorisés à dire que les jurisconsultes romain tenaient compte de ce double élément. Ulpien nous dit en effet dans la loi 23, § 2 IX, t. II : *Idem Julianus scribit, si institurus fuero sub conditione, si Stichum manumisero, et Stichus sit occisus post mortem testatoris, in æstimationem etiam hæreditatis pretium me consecuturum ; propter occisionem enim defecit conditio.* Dans cette hypothèse le *damnum emergens* c'est la perte de l'esclave, et le *lucrum cessans* est celle de l'hérédité, on voit que le jurisconsulte tient compte de ce double élément.

Une autre difficulté peut se présenter ici : un

1. Mainz II, p. 21 note 2. L. 27 IV, t. VI. L. 11 pr. X, t. IV L. 2, § 8 XIII, t. 4. L. 2, § 11 X, L. III, t. VIII.

simple intérêt d'affection peut-il devenir l'occasion
du *damnum*?

Sur le point de savoir si, en général, un préjudice
purement moral peut devenir la base suffisante
d'une action en dommages et intérêts, les Romains
n'avaient pas de jurisprudence générale, leurs solutions variaient suivant les cas. Ainsi la loi 35 IV, IV
nous indique qu'un simple intérêt d'affection peut
devenir la cause de l'*in integrum restitutio*: Mais en
notre matière il en est tout autrement et la loi 33
IX, t. Il ne peut laisser aucun doute à ce sujet,
bien que le langage employé par Paul indique sur
ce point l'existence d'une controverse. Le jurisconsulte s'exprime ainsi : *Si servum meum occidisti, non
affectiones æstimandas esse puto, (veluti si filium tuum
naturalem quis occiderit, quem tu magno emptum velles)
sed quanti omnibus valeret.*

II. — Tout *damnum* ne peut pas devenir une cause
suffisante pour l'application de la loi Aquilia, il faut
encore que le *damnum* ait sa cause dans un fait
illicite, qu'il soit causé *injuria* ou *contra jus*. Cette
idée est exprimée par Ulpien dans la loi 5 § 1 IX, t.
II. *Injuriam autem hic accipere nos opperlet, non que-
madmodum circa injuriarum actionem, contumeliam
quamdam ; sed quod non jure factum est, hoc est contra
jus, id est si culpa quis occiderit.* Tel est le sens du
mot *injuria* qu'il ne faut pas confondre avec le mot

contumelia qui est à proprement parler ce que nous appelons aujourd'hui l'injure.

Ceci revient à dire qu'une faute doit être imputable au défendeur et qu'aucune responsabilité ne peut être encourue par lui, lorsque le dommage est la conséquence d'un cas fortuit ou de force majeure. Ce principe demande cependant à être expliqué, il suffit en effet que le débiteur ait fait une chose qu'il n'avait pas le droit de faire pour devenir passible de l'exercice de l'action Aquilienne.

Par contre, lorsque le dommage n'est que la conséquence de l'exercice d'un droit, et alors même qu'il serait imputable au défendeur, aucune condamnation ne pourra être prononcée contre lui. Les textes contiennent de nombreux exemples de cette vérité. Primus tue un esclave qui l'attaquait, la loi Aquilie ne lui est pas applicable, parce qu'il était en état de légitime défense.

A celui qui aura tué un voleur de nuit, pourvu qu'il ait appelé au secours, et que le voleur ait néanmoins persisté dans ses mauvais desseins, la loi Aquilie n'est pas applicable. (L. 4 IX, t. II).

Elle ne l'est pas plus au mari qui aura tué l'esclave d'autrui surpris en flagrant délit d'adultère avec sa femme (L. 30 pr. IX, t. II).

Les jurisconsultes allaient même plus loin et admettaient que celui qui tue une autre personne dans des jeux n'est pas responsable de ce fait. *Quia gloriæ causa et virtutis, non injuriæ gratia videtur damnum datum.*

Mais supposons que le damnum ne soit pas la conséquence de l'exercice d'un droit; supposons en outre qu'il n'est la conséquence ni d'un de ces événements absolument imprévus ni d'une de ces circonstances qu'il était impossible à l'homme de prévoir.

Dans ce cas on dira qu'il y a faute imputable au défendeur et par conséquent application possible de la loi Aquilia, à la condition toutefois qu'aucune contrainte physique ou morale ne soit venue supprimer la liberté principe de la faute et de la responsabilité.

Il est bien certain, par exemple, que la personne qui commet un acte illicite d'où découle un dommage, mais qui n'est devenue la cause de ce préjudice que sous l'influence d'une force supérieure qui s'imposait à elle, il est certain également que le *furiosus* qui dans un accès de délire tue l'esclave d'autrui n'ont commis aucune faute, et ne peuvent pas se voir poursuivis par l'action de la loi Aquilia.

Que décidaient les jurisconsultes relativement à l'impubère? Ils admettaient que tout dans ce cas était une question de fait dont le juge était l'appréciateur : tant que le mineur n'est pas *injuriæ capax* il ne peut pas tomber sous le coup de la loi Aquilia. Lorsqu'au contraire son intelligence est assez développée pour saisir la moralité de ses actions, il est assimilé au majeur et peut parfaitement être reconnu responsable en vertu de la loi Aquilie.

Supposons que nous nous trouvons en présence d'un individu pleinement *injuriæ capax*, la faute la plus légère suffira pour entraîner contre lui l'application de la lex Aquilia *In lege Aquilia et levissima culpa venit*. De plus, l'exercice de l'action Aquilienne ne comporte pas l'analyse du degré de la *culpa*, il résulte de là qu'il est parfaitement indifférent, en général du moins, de rechercher si l'auteur du fait dommageable a eu l'intention de causer un préjudice ou si plutôt il n'est pas uniquement coupable d'une imprudence. La responsabilité est la même dans ces deux cas, parce que la loi Aquilie a plutôt en vue la réparation du dommage que la punition de la faute.

Si nous devions raisonner de cette matière avec nos idées et nos expressions modernes, nous dirions qu'un simple quasi-délit suffit pour donner lieu à l'action Aquilienne ; mais il faudrait se garder d'employer une telle expression dans l'exposé d'une théorie romaine.

En effet, l'intention de nuire n'a rien à faire dans la distinction romaine entre les délits et les quasi-délits.

Pour les romains est délit tout fait dommageable réprimé par une loi, et la liste en est facile à donner : c'étaient : le *furtum*, la *rapina*, le *damnum injuria datum*, tous les autres faits dommageables pour autrui ne sont que des quasi-délits, ou pour parler un langage plus romain donnent naissance, à des obligations nées *quasi ex delicto*. On le voit, bien que pouvant être constitué par un préjudice causé absolument involontairement, le *damnum injuriæ datum* était cependant toujours un délit.

Si le dol n'est pas nécessaire à l'existence du *damnum injuria datum*, il peut cependant, dans certains cas, transformer un dommage, ayant une cause licite, c'est-à-dire étant l'exercice licite d'un droit, en un *damnum injuria datum*.

Voici un exemple de la vérité de cette assertion tiré des textes : Les lois 9 § 4 et 10 pr. (IX t. II) supposent qu'une personne lance des javelots à l'endroit réservé à cet exercice. Un esclave venant à passer est tué; aucune responsabilité n'est encourue dans ce cas par l'auteur de l'acte dommageable ; mais si cette personne lance intentionnellement son javelot contre l'esclave et le tue, elle est alors tenue de l'action aquilienne.

Il est certains actes qui en eux-mêmes constituent l'exercice normal et licite d'un droit et qui cependant, par suite de l'impéritie même de celui qui les

accomplit, peuvent devenir illicites. Il est parfaitement permis, par exemple, à un chirurgien de soi-
gner un esclave. Cependant si par sa maladresse
ou son ignorance il devient la cause de la mort de
cet esclave, il sera tenu de la loi Aquilia.

De même le muletier qui n'a ni la force ni l'ha-
bilité nécessaires pour conduire ses mules, et qui, a
cause de cela même devient cause d'un accident,
peut se voir poursuivi par la loi Aquilia.

III. Du principe que nous venons d'étudier découle directement le troisième caractère que doit
présenter le fait dommageable pour constituer un
damnum injuria datum. Il faut que ce fait soit une
commission et non une omission. Si en effet le législateur peut sans danger interdire tous les actes
qui peuvent porter préjudice illicite à autrui, il serait extrêmement dangereux d'obliger les hommes
à agir au mieux de l'intérêt de leurs semblables, au
moins d'une manière générale. De là il ressort que
si au lieu d'avoir mis le feu à la maison de Primus
je me suis contenté de ne pas l'éteindre alors que je
le pouvais je ne suis pas passible de l'action aquilienne parce que j'ai agi licitement. Nous trouverons
une preuve de ceci dans un texte d'Ulpien (L. 13.
p. 2 VII, t. I) dans laquelle le jurisconsulte indique
que la caution promise par l'usufruitier sert pour
le cas où la loi Aquilia n'est pas applicable, c'est-à-

dire lorsqu'il s'agit d'une faute *in omittendo*. *Nam qui agrum non poscindit, qui vites non subserit, item aquarum ductus corrumpi patitur lege Aquilia non tenetur.* Mais il faut entendre sainement ce principe ; il est certaines fautes qui à première vue paraissent constituer des fautes *in omittendo* et qui cependant peuvent sans aucun doute donner lieu à l'application de la loi Aquilia. Un médecin, par exemple, a accompli heureusement une opération, mais il cesse ensuite de donner ses soins au malade ; il encourt alors une responsabilité (L. 8 IX. 1, II). Mais il ne s'agit pas ici d'une vraie faute *in omittendo*; car ayant entrepris et commencé la cure d'un malade, le médecin n'avait pas le droit de s'arrêter au milieu de sa tâche ; c'est en somme d'une faute *in committendo* qu'il se rend coupable dans ce cas.

IV. Le *damnum* doit avoir été causé *corpore;damnum corpore datum*. Le dommage doit résulter directement et corporellement de l'acte accompli par l'auteur du délit. Il ne suffit pas en effet que cet acte soit la cause certaine mais médiate du dommage, il faut encore qu'elle en soit la cause immédiate.

Ces mots *damnum corpore corpori datum* n'étaient pas dans le texte même de la loi Aquilia ; mais on les avait tirés des termes mêmes employés par le texte et c'est dans le paragraphe 16 des Institutes. que l'on trouve ces expressions qui sont devenues celles que l'on emploie en général pour indiquer cette exigence de la loi.

Ce qui parait ressortir des textes des jurisconsultes romains sur ce sujet, c'est que pour qu'il y ait *damnum corpore datum* il faut et il suffit qu'un certain lien corporel ait existé entre l'auteur et la victime du délit ; ainsi il n'est pas nécessaire que le dommage ait été causé par les mains mêmes de l'auteur, il suffit qu'il se soit servi d'un arme même à jet, d'un bâton, etc, on admettrait même qu'il n'était point nécessaire que la force cause du dommage émanât directement de l'auteur, il suffisait qu'elle eût avec lui une certaine relation physique. Ainsi, lorsque le dommage consistait dans un empoisonnement, on distinguait avec le plus grand soin le cas où le breuvage mortel était présenté à la victime par l'empoisonneur lui-même ou par un étranger ; dans le premier cas il y avait lieu d'appliquer la loi Aquilia ; dans l'autre au contraire il n'y avait pas lieu. Ulpien nous offre encore de cela un exemple curieux : quelqu'un excite son chien qui mord une autre personne. Proculus accorde à la personne mordue l'action aquilienne en tout cas, Julien au contraire la refuse dans le cas où le chien n'était pas tenu en laisse. (L. 11 § 5. IX. t. II). On voit que toutes ces subtilités créaient des divergences entre les jurisconsultes.

Mais il était certains points sur lesquels tout le monde était d'accord pour refuser l'action aquilienne : on a renfermé un esclave ou un troupeau de manière à le faire mourir de faim. — On a décidé un esclave à monter sur un arbre ou à descendre dans un puits, et ainsi causé sa mort. — On a produit une fumée si épaisse que les abeilles du voisin se sont enfuies.

Dans toutes ces circonstances le dommage n'est pas causé *corpore*, et l'action acquilienne est refusée à la victime.

Néanmoins les jurisconsultes n'étaient pas toujours aussi absolus dans l'application de cette règle. Ainsi Celsus qui disait : *multum interesse an mortis causam præstiterit, ut qui mortis causam præ. !itit, non Aquilia, sed in factnm actione teneatur.* (L. 7. § 6 IX, t. II). admettait cependant que le fait de pousser quelqu'un dans l'eau, constituait *damnum corpore datum*, bien qu'assurément, dans le cas d'accident mortel ce fût l'eau et non pas le fait d'avoir poussé qui eût entraîné la mort. On avait ainsi donné une grande extension au mot *occiderit*.

Cette règle si stricte est un des points de cette matière sur lequel le préteur est intervenu de la façon la plus utile.

Si le dommage doit être causé *corpore*, il doit l'être aussi *corpori*, c'est-à-dire qu'il doit exister une détérioration matérielle. Une personne par exemple qui détache un esclave et lui permet ainsi de s'enfuir, ou bien qui, ouvrant une cage, laisse s'échapper les oiseaux qui y étaient enfermés n'est pas dans l'hypothèse prévue par la loi Aquilia, car dans ces cas il n'existe pas de détérioration d'un objet matériel; mais les jurisconsultes ici encore avaient élargi le sens primitif du mot *corpori*, et ils admettaient que le fait de transformer une matière utile en une matière inutile (1) suffisait pour donner lieu à l'application de la loi Aquilia. C'est ainsi que la loi 27 § 13 (IX.II) dit : *Inquit lex, ruperit. Rupisse verbum fere omnes veteres sic intellexerunt corruperit.* Ainsi le fait de faire aigrir du vin et de le transformer en vinaigre, suffisait pour entraîner l'application de l'action Aquilienne.

1. Il était nécessaire qu'elle changeât de nature.

CHAPITRE II.

DE L'ACTION DE LA LOI AQUILIA.

Nous nous proposons d'examiner successivement sous ce titre plusieurs questions :

I. — *Nature de cette action.* — Le paragraphe 16 des Instituts (IV, 6) et le paragraphe 6 du 4° commentaire de Gaius nous présentent une division des actions, en persécutoires de la chose, en persécutoires de la peine et mixtes. Voici le texte même des Instituts : *Quœdam actiones rei persequendæ causa comparatæ sunt, quædam pœna persequandæ, quedam mixtæ sunt.*

L'action persécutoire de la chose, pour nous servir du langage des interprètes, est celle qui a pour but le rétablissement des patrimoines des deux parties dans leur état normal; le demandeur et le défendeur sont rétablis dans la position où ils auraient dû toujours se trouver si la violation du droit n'avait pas eu lieu.

L'action persécutoire de la peine est celle par laquelle le demandeur poursuit non pas la réparation du préjudice causé, mais le paiement d'une somme d'argent qui aura pour effet d'une part de l'enrichir, d'autre part d'appauvrir le défendeur, pour qui cela constituera une peine,

Enfin l'action est mixte quand elle est à la fois persécutoire de la peine, et persécutoire de la chose.

C'est dans cette troisième catégorie qu'est rangée l'action Aquilienne : *Sed et legis aquiliæ actio de damno injuriæ mixta est*, disent les institutes, *non solum si adversus inficiantem in duplum agatur sed interdum et si in simplum quisque agit, velut si quis hominem claudem aut luscum occiderit, qui in anno integer et magni pretii fuit : tanti enim damnatur, quanti id homo in eo anno plurimi fuerit, secundum jam traditam divisionem.*

Ceci semble étonnant, car, tendant à la réparation du préjudice il semble que l'action *legis Aquiliæ* devrait seulement être dite persécutoire de la chose, et cependant les institutes ont soin de préciser et de dire que cette action peut être persécutoire de la peine. Alors même qu'aucune dénégation n'ayant été faite il n'y aurait pas lieu à *inficiatio.* C'est qu'en effet dans certains cas l'action *legis aquiliæ* peut devenir pour le demandeur la cause d'un véritable enrichissement et pour le débiteur d'une vraie *pœna.*

Pour bien comprendre ceci, il faut étudier séparément le premier et le troisième chef de la loi.

Supposons qu'un esclave ou un animal rentrant dans l'énumération présentée dans le premier chef de la loi ait été tué, l'auteur du dommage pourra être condamné *quanti id in eo anno plurimi fuit.*

Si au contraire il s'agit d'un animal ne rentrant pas dans l'énumération, ou d'un objet inanimé, l'auteur du dommage pourrait être condamné à payer : *quanti ea res erit in diebus triginta proximis.*

La plus grande sévérité édictée par les jurisconsulte dans le premier chef s'explique par ce fait que le peuple romain étant, à ses origines, essentiellement agricole, attachait une grande importance à la conservation des esclaves et des animaux de trait ou de boucherie, qui sont les auxiliaires nécessaires et les principales richesses de l'agriculteur.

Ces règles spéciales à l'action de la loi Aquilia, pouvaient, suivant les cas, entraîner une très-lourde charge pour le débiteur, ou n'être pour lui la cause que d'une peine insignifiante, car l'esclave, l'animal ou l'objet inanimé pouvaient avoir conservé pendant toute l'année ou les trente jours précédant l'accident, une valeur égale, ils peuvent au contraire avoir été dépréciés depuis peu, et dans ce cas ayant détruit un objet sans valeur l'auteur de l'accident sera cependant obligé de payer une forte somme.

Plusieurs difficultés ont été soulevées sur ce point par les jurisconsultes.

On s'était d'abord demandé quelle était cette valeur dont parle le texte *quanti ea res erit.* Etait-ce la valeur vénale, ou la valeur d'intérêt que la chose avait pour son propriétaire ? Au temps d'Ulpien, c'était cette dernière mesure qui était reçue : *Sed utrum corpus ejus solum æstimamus, quanti fuerit, cum occidere tur, an potius quanti interfuit nostra non esse occisum? et hoc jure utimur ut ejus quod interest fiat æstimatio* (L. 21 § 2 IX, t. II). Néanmoins on ne devra toujours comprendre dans cette estimation que l'intérêt pécuniaire du propriétaire et non son intérêt d'affection, d'après ce que nous avons vu plus haut. Mais en dehors de tout intérêt d'affection une chose peut avoir pour son propriétaire une valeur qu'elle n'aurait pas eu pour un autre.

Primus, propriétaire de l'esclave Stichus, qui a une grande valeur, 20,000 sesterces par exemple, s'est engagé à me le donner en échange de l'esclave Pamphile qui est ma propriété et qui est d'une valeur bien inférieure, Stichus vient à être tué avant que l'échange ait pu être effectué, dès lors on me doit non plus la valeur de Pamphile, mais celle de Stichus.

On se demandait aussi si le délai d'un an ou de trente jours courait du moment où l'esclave ou l'animal avait été blessé ou du jour où il était mort. Julien tenait pour l'époque de la blessure et Celse pour celle de la mort (L. 21, § 1, IX, t. II).

Il est évident que le caractère pénal de l'action

de la loi Aquilia s'accentue encore lorsqu'il y a *inficiatio*, dans ce cas en effet la condamnation était portée au double. Mais pour qu'il y eût *inficiatio*, il fallait nier le fait lui-même et non point seulement contester l'existence d'un des caractères juridiques qui lui étaient attribués ainsi pour qu'il y eût *inficiatio* dans l'action *legis Aquiliæ* il n'eût pas suffit de se borner à contester que le fait ait eu lieu *injuria*.

Plusieurs conséquences importantes découlaient de ce principe que l'action Aquilienne était pénale.

Les romains ont paru quelquefois attacher une trop grande importance à ce caractère pénal, qui, après tout, n'est qu'un accessoire, pour l'action Aquilienne qui, somme toute, est plutôt persécutoire de la chose, puisque souvent elle ne fera obtenir à la victime du délit que la simple réparation du préjudice éprouvé (1).

Cependant, même dans ce cas, elle était tenue pour pénale (2) avant tout et de ce caractère les jurisconsultes tiraient les conclusions suivantes :

Un premier caractère des actions pénales étaient de ne jamais passer contre les héritiers de l'auteur du délit que dans la mesure de l'enrichissement qui avait pu en être retiré par eux. On appliquait pleine-

---

1. Il est probable qu'en principe l'action Aquilienne n'était pas mixte, mais pénale.

2. La cause de cette manière de voir était la condamnation pénale éventuelle qui pouvait être prononcée dans certains cas.

ment cette règle à l'action de la loi Aquilia, et on rencontrait même dans ce cas cette situation particulière que l'on pouvait en somme dire que l'action Aquilienne ne devait jamais passer contre les héritiers de l'auteur du délit, car il est de la nature même du *damnum injuria datum* de ne jamais pouvoir devenir la cause d'un enrichissement. Cette considération est une de celles qui avaient dû le plus motiver la décision des jurisconsultes que nous venons de rapporter car en fait cette action était presque toujours pénale *a parte rei,* puisqu'elle aboutissait toujours à un appauvrissement du défendeur condamné, qui en général n'avait tiré aucun profit de son délit.

A cette règle : que l'action de la loi Aquilia ne passait pas contre les héritiers de l'auteur du délit, quelques explications doivent être données.

Nous n'entendons parler ici que du droit à exercer l'action, ce droit était éteint par la mort de l'auteur, mais si l'action avait été déduite en justice ; si la *litis contestatio* avait eu lieu du vivant de ce dernier, l'action revêtant alors le caractère d'un contrat passait contre les héritiers avec toutes ses suites.

Cette solution est constatée dans la loi 23 § 8 (IX, t. II), en ces termes par le jurisconsulte Ulpien : *In hæredem vel cæteros hæc actio non dabitur cum sit pœnalis; nisi forte ex damno locupletior hæres factus sit.*

Toutefois un texte des Instituts, le § 9 (IV, t. III), semble contrarier notre opinion. Il est conçu en ces termes : *Ideoque constat, in hæredem eam actionem non transire, quæ transitura fuisset, si ultra damnum numquam lis æstimaretur.*

Ce fragment est, on le voit, en complet désaccord avec la phrase d'Ulpien que nous venons de citer, mais cette antinomie est, nous semble-t-il, simplement le résultat du désir qu'ont eu les rédacteurs des Instituts d'introduire en cette matière une distinction, qui assurément repose sur la logique, mais qui est, non moins certainement, contraire à l'idée des jurisconsultes de l'époque classique. Ceci nous parait d'ailleurs contraire à l'esprit général des jurisconsultes romains, qui n'aimaient pas en général à soumettre une question de droit à la solution d'une question de fait.

Une seconde conséquence de cette idée que l'action de la loi Aquilia est une action pénale est la suivante :

Le maître de l'esclave, le père du *filius familias*, coupables du fait dommageable peut invoquer le caractère noxal de cette action, caractère qui est commun à toutes les actions pénales. Mais pour pouvoir invoquer ce privilège, il est nécessaire que le maître ou le *paterfamilias* n'ait à se reprocher aucune faute, car sans cela il serait tenu non pas par le fait de l'esclave ou du fils de famille mais de son propre chef.

Le *proemium* du titre VIII, L. IV, des *noxalibus actionibus* aux Institutes indique bien que, sous le bénéfice de l'observation que nous venons de faire, l'action *legis Aquilia* est toujours donnée *noxaliter* : . *Ex maleficiis servorum (sicut si furtum fecerint, aut bona rapuerent, aut damnum dederint, aut injuriam commiserint) noxales actiones proditæ sunt.*

Enfin la troisième conséquence du caractère pénal de cette action est que, dans le cas où le délit a plusieurs coauteurs, l'action est donnée contre chacun d'eux *in solidum*, c'est-à-dire que le fait d'en poursuivre un et de le faire condamner ne libère point les autres, il n'est même pas nécessaire qu'il soit absolument démontré que tous aient participé à la perpétration du délit, il suffit qu'on puisse démontrer qu'lis y ont pris une part quelconque, sans qu'il soit nécessaire qu'on puisse indiquer quel est celui qui a frappé, et dans ce cas Ulpien dit : .... *et si cum uno agatur ; cæteri non liberantur ; nam ex lege Aquilia, quod alius præstitit, alium non relevat, cum sit pœna* (1).

II. — *Contre qui elle est donnée.* — Lorsque le délit est l'œuvre d'une seule personne qui l'a conçu et exécuté pas de difficulté ; de deux choses l'une en effet : ou bien cette personne est *sui juris* et alors

____

1. Loi 11, p. 2, IX, t. II.

elle est tenue directement et elle seule de réparer le préjudice, ou bien elle est *alieni juris*, et alors l'action aquilienne est donnée *noxaliter* contre la personne dont elle dépend et qui doit répondre d'elle.

D'autre part nous avons déjà vu que lorsque le délit est l'œuvre de plusieurs personnes, l'action est donnée *in solidum* contre chacune d'elles.

Nous avons également vu comment doit être réglé le cas où l'esclave ou l'animal a reçu plusieurs coups successifs qui ont entraîné sa mort.

Il nous reste à examiner le cas où le délit a été conçu par une personne et exécuté par un autre.

Deux cas peuvent se présenter : ou bien c'est un esclave qui sur l'ordre de son maître a commis une imprudence, et est devenu la cause d'un préjudice pour une autre personne. C'est par exemple Stichus qui, sur l'ordre de son maître Primus lance la javeline trop près de la voie publique, et blesse l'esclave ou le bœuf de Secundus qui passaient en ce moment, Primus ne pourra pas abandonner noxalement son esclave, car il a une faute à se reprocher, mais l'action pourra être donnée contre le maître directement, l'accident est en effet la suite de l'exécution de l'ordre donné par le maître.

Mais le promoteur et l'exécuteur de l'acte dommageable peuvent être deux hommes libres et *sui juris*. Que décider dans ce cas ? Ulpien, dans la loi

7 § 3 (IX, t. II) nous dit que Proculus soutenait que dans une telle hypothèse l'action directe ne pouvait être donnée ni contre l'un ni contre l'autre de ces coauteurs, qu'il fallait recourir à l'action *in factum* (que nous étudierons plus loin) qui pouvait être donnée contre celui qui a eu l'idée; pour ce jurisconsulte, dans le cas où les deux personnes ont eu l'idée, mais où une seule a exécuté, l'action directe pourrait être donnée contre l'exécuteur, et l'autre ne pourrait être poursuivi que par l'action *in factum*.

Rappelons enfin que l'action n'est pas transmissible contre les héritiers de l'auteur.

III. — *A qui elle est donnée.* — En principe elle n'est donnée qu'au seul propriétaire. Telle était la règle dans toute sa sévérité primitive. *Legis Aquiliæ actio hero competit hoc est domino,* dit Ulpien dans la loi 11, § 6 (IX, t. II) mais elle passe à l'héritier, et lorsque le dommage a été causé après la mort du *de cujus,* l'action nait au profit de l'hérédité et une fois qu'il a fait adition, l'héritier a le droit de l'exercer. Rappelons à ce propos, que l'on doit se placer, pour apprécier l'époque où l'action a pris naissance, non pas au moment où le délit a été exécuté, mais à celui où le dommage se produit; nous allons tout de suite faire comprendre l'intérêt de ce principe. Dans la loi 15 et dans la loi 13 § 3 (IX t. II) Ulpien suppose qu'un esclave a été légué *per vindicationem,* et qu'il est tué avant l'adition d'hérédité, l'action appartient à l'héritier seul : au contraire l'esclave ayant été frappé avant l'adition meurt seulement après l'adition ; l'action appartient à l'héritier, mais il est obligé de la céder au légataire. Elle appartiendrait même directement à ce dernier si la mort s'était produite après l'acceptation faite par lui de son legs (1).

De ce principe : que l'action aquilienne ne compétait qu'au propriétaire, il résultait qu'un homme libre blessé ne pouvait pas agir par ce moyen *quia*, dit Ulpien dans la loi 13 pr. (IX, t. II), *dominus membrorum suorum nemo videtur*.

Cette action fut étendue sous forme d'action utile au cas de l'usufruitier, à celui de l'usager et du possesseur de bonne foi, et on put voir quelquefois le propriétaire, qui seul d'après sa situation juridique relativement à l'objet du délit aurait eu droit à cette action directe, être poursuivi par l'action utile pour indemniser l'usufruitier ou le possesseur de bonne foi de la perte qu'il leur a fait éprouver en détrui-

---

1. Dans ce texte le jurisconsulte prend parti dans une grande controverse, en se rangeant à l'avis des Proculéiens qui soutenaient que le legs *per vindicationem* ne transférait la propriété qu'après l'acceptation faite par le légataire ; les Sabiniens étaient d'un avis différent, prétendant que cet effet remontait au jour de l'adition. Justinien s'est rangé à leur opinion.

sant sa propre chose sur laquelle ils avaient un droit de jouissance. Mais comme leur droit se bornait à cette jouissance, ils ne pourront être indemnisés que dans la mesure, où ayant dû faire les fruits leurs, ils auront été privés de ce bénéfice.

Supposons maintenant qu'au lieu d'un droit réel, une personne ait sur la chose détériorée ou détruite un simple droit de créance. Que décider ?

Il est bien certain que le créancier n'a pas par lui-même l'action *legis Aquiliæ :* sauf dans le cas prévu par la loi 27, § 14, IV, t. II, où l'action est accordée au fermier pour dommage causé à sa récolte (1). Mais il se peut que pour une cause quelconque le débiteur soit tenu de faire cession de son action au créancier (L. 16, XVI, t. 3) (L. 12 et 13, XVIII, t. 6) (L. 13, § 12, XIX, t. 1), etc. Or dans le cas où le droit de créance est né d'un contrat de bonne foi, la formule étant rédigée *in factum* le juge profitera de la latitude qui lui est laissée pour forcer le débiteur à céder l'action au créancier.

Mais lorsque l'on se trouve en présence d'un contrat de droit strict le créancier est complétement désarmé, lorsque, le délit constituant une simple faute, il ne peut pas intenter l'action *de dolo*.

1. S'agit-il bien d'une vraie dérogation à notre principe. Le fermier n'a-t-il pas sur ses récoltes plus qu'un droit de créance ?

IV. — *Extensions données à l'action Aquilienne.* — Nous avons vu combien la loi Aquilia était appliquée d'une manière stricte. Cette sévérité avait un grave inconvénient, c'est que des intérêts sérieux et variés n'étaient pas protégés parce qu'ils ne rentraient pas dans les termes trop étroits et trop exclusifs de la loi.

Le préteur s'efforça alors d'adoucir cette rigueur et, pour arriver à ce but, il employa deux moyens, il donna souvent l'action de la loi Aquilia sous la forme utile ; il donna d'autres fois une action *in factum*.

Avant d'entrer dans l'étude des cas auxquels s'appliquaient ces extensions prétoriennes, étudions la nature de l'action utile et de l'action *in factum* employées pour les cas où l'action directe ne pouvait pas être délivrée.

On appelait action directe celle qui était donnée conformément aux termes littéraux d'une loi.

Si au contraire, tout en restant dans l'hypothèse générale prévue par le législateur, une circonstance quelconque était transformée et ne rentrait pas dans les prévisions littérales de la loi, l'action était donnée utilement : Elle possédait tous les avantages de l'action directe et ne différait de cette dernière qu'en ce que sa formule était rédigée *in factum* ou contenait une fiction, c'est-à-dire la mention de l'existence d'une condition de fait absente.

Nous avons dit plus haut que le préteur donnait aussi quelquefois une action *in factum* pour obtenir réparation du *damnum injuria datum*, lorsqu'il ne rentrait pas dans l'énumération exacte de la loi.

Les commentateurs ne sont pas d'accord sur la nature de cette action *in factum.*

Nous venons de le dire certaines actions utiles avaient une *intentio* rédigée *in factum* et quelquefois le mot action *in factum* indique simplement une action où *l'intentio* au lieu d'être rédigé *in jus* l'est *in factum.* Mais ce sens donné au mot *in factum* est une exception dans les textes et l'idée éveillée par ces termes est en général celle d'une action créée de toutes pièces par le préteur et non d'une action établie par lui à l'image d'une action directe.

Néanmoins certains auteurs ont voulu, malgré cette observation) que nous venons de faire, voir dans l'action *in factum* dont il est parlé aux Instituts (§ 16, *in fine* IV, t. III), la même action que celle qui est citée au Digeste et qui n'est qu'une action utile dont *l'intentio* est rédigée *in factum.* MM. Demangeat et de Savigny ont commis cette confusion c'est qu'en effet ces deux actions étaient rédigées *in factum* ; et c'est là ce qui explique le défaut de précision dans les textes. Mais il faut bien se garder de les confondre ; l'une, celle dont parlent les Instituts, est l'œuvre uniquement du préteur qui l'a créée de toutes pièces; l'autre, au contraire, n'est qu'une action utile dont l'*intentio* est rédigée *in factum*, nous verrons plus loin dans quels cas l'action utile présentait cette particularité.

Un double intérêt fait que l'on doit bien éviter de confondre ces deux actions.

1° A supposer que l'action *in factum* ne soit qu'une action utile, elle donnera, comme l'action directe dont elle serait l'image le droit d'exiger le paiement de la *pœna* ; c'est-à-dire, qu'elle permettrait au demandeur d'exiger que le préjudice fût apprécié d'après les règles qui sont spéciales à la loi Aquilia. Si au contraire, comme c'est exact, l'action *in factum* dont parle les Institutes est l'œuvre du préteur, elle ne donne droit à l'appréciation du préjudice qu'au jour où le dommage s'est produit.

2° Nous avons vu qu'avant que le préteur eût créé les deux actions dont nous venons de parler, la personne victime d'un dommage ne rentrant pas dans les termes mêmes de la loi Aquilie était désarmée, à moins que l'auteur du dommage n'eût agi dolosivement, auquel cas elle était armée de l'action *de dolo*. Or si l'action *in factum* dont parle les Institutes n'est qu'une action utile, on n'a pas à rechercher si l'auteur du délit a agi dolosivement ou non puisque la simple faute constitue le *damnum injuria datum*. Si elle est au contraire créée de toutes pièces par le préteur, elle est subsidiaire à l'action *de dolo* et ne peut être exercée que dans le cas où le dommage a été causé en l'absence de tout dol (1).

Nous nous réservons de donner les arguments qui nous paraissent devoir faire admettre cette seconde manière de voir un peu plus loin, lorsque nous parlerons du *damnum corpori datum.*

Maintenant que nous avons vu quels sont les moyens employés par le préteur pour étendre le champ d'application de l'action *legis Aquiliæ*, voyons quelles sont les extensions mêmes apportées par lui à cette loi :

Et d'abord l'action de la loi *Aquilie* ne pouvait être exercée directement qu'autant qu'il existait un dommage *corpore datum,* nous avons vu à quelle difficulté et à quelles substilités donnait lieu l'application de cette règle. Le préteur la supprima et donna à la victime d'un délit, qui n'avait pas été causé *corpore,* l'action utile. J'ai par exemple effarouché votre cheval et l'ayant fait ainsi tomber dans un précipice j'ai causé sa mort, il n'y a pas de dommage causé *corpore* et cependant je serai tenu de l'action *legis Aquiliæ utilis.*

D'autre part l'action directe, nous l'avons encore vu, n'appartenait qu'au propriétaire. Ceci présen-

1. M. Accarias, II p. 684. et p. 1074 et 1075.

tait de nombreux inconvénients, car d'abord il peut exister certaines personnes, qui sans avoir un droit de propriété sur la chose aient cependant un intérêt très important à sa conservation. Nous avons déjà vu plus haut qu'à ceux-là aussi le préteur accordait une action utile. Cependant une certaine différence existait dans la rédaction de la formule, suivant que l'*action utilis* avait pour but d'en faire jouir un non propriétaire, ou qu'elle était appliquée à un dommage *corpori sed non corpore.* Dans le premier cas, l'*intentio* était rédigée *in jus*, car on se trouvait dans la situation de fait qu'avait prévue la loi. Il ne manquait que la présence d'une qualité juridique pour qu'on se trouvât dans l'hypothèse même de la loi. S'il s'agissait au contraire d'un dommage causé *non corpore*, la situation était toute différente. On ne peut pas feindre en effet l'existence d'un fait, tandis qu'il est facile de supposer l'existence d'un droit, dans ce cas l'*intentio* de la formule au lieu d'être rédigée *in jus* l'était *in factum* (1) ; c'est cette action utile *in factum* qui a été quelquefois confondue avec l'action *in factum* dont parle le § 16 des Institutes.

Dans les deux situations que nous venons d'étu-

____

1. Il ne faut pourtant pas affirmer cette différence avec une trop grande netteté car la loi 17 donne au possesseur de bonne foi et au créancier gagiste une action *in factum.*

dier, si toutes les conditions d'existence de l'action directe *legis Aquiliæ* n'existent pas, l'objet même que cette loi a pour but de réparer, le *damnum* existe toujours, il peut donc y avoir lieu à l'application d'une action utile, c'est-à-dire construite à l'image de l'action directe elle-même. Dans le cas, au contraire, où le dommage est *non corpori datum*, la loi *Aquilia* ne peut pas trouver son application, car l'élément constitutif du *damnum* le dommage causé *corpori* manque dès lors la loi n'a pas d'objet.

Le préteur avait cependant accordé pour ce cas une action *in factum*, mais qui n'était nullement une action utile, et qui ne participait à aucune des règles spéciales à l'action de la loi *Aquilia*.

Ceci est démontré par le § 16 des Institutes t. IV III qui dit : *Sed si non corpore damnum datum neque corpus læsum fuerit, sed alio modo alicui damnum contigerit ; quum non sufficial, neque directa, neque utilis legis Aquiliæ actio, placuit eum, qui obnoxius fuerit, in factum actione teneri : veluti si quis misericordia ductus alienum servum compeditum solverit, ut fugeret,*

Malgré cela, les deux auteurs que nous avons cités plus haut soutiennent l'identité qu'ils prétendent exister entre cette action *in factum* et l'action *utilis* rédigée *in factum* dont nous avons parlé ; mais pour arriver à faire cette preuve, il ne suffit pas, ainsi que le fait remarquer M. Accarias de citer des textes où l'*actio utilis* est appelée *actio in factum*, il faudrait encore en citer où une action utile serait donnée dans le cas où il y a un *damnum* causé *non corpori*, et c'est ce qu'il est impossible de faire.

CHAPITRE III.

Bien que la question de la preuve fasse au Digeste l'objet d'un titre spécial (L. XXII, t. III) elle ne paraît pas avoir préoccupé les Romains autant qu'elle nous préoccupe aujourd'hui. Cela peut s'expliquer, pensons-nous, par cette idée, que les rapports étant beaucoup plus simples, les difficultés étaient beaucoup moins grandes et par conséquent la question de preuve avait une bien moindre importance.

Cependant quelques règles existaient sur ce point : Paul nous indique la règle générale dans la loi 2, XXII, t. III : *Ei incumbit probatio, qui dicit, non qui negat.* C'est exactement la même formule que celle qui nous guide en droit français, c'est une règle de bon sens : *Actori incumbit probatio.*

Appliquons cette maxime à notre matière de la loi Aquilia. Les raisonnements que nous présenterons s'appliqueront aussi bien à l'action directe qu'à l'action utile ou *in factum.*

Quelles preuves devra faire le demandeur dans l'action *legis Aquiliæ?*

Tout d'abord s'il exerce l'action directe il devra

démontrer son droit de propriété(1), et s'il exerce l'action utile il devra établir la qualité qui lui donne droit d'agir, qualité d'usufruitier, de créancier gagiste, de simple créancier, etc., il est même à remarquer que souvent quoique effectivement propriétaire le demandeur à l'action préférera intenter l'action utile et se présenter comme simplement possesseur de bonne foi.

Cette manière de faire ne peut présenter pour lui aucun danger, car il faudrait, pour faire cesser son droit de possession, que le défendeur prouvât la nullité de son juste titre, c'est-à-dire le droit de propriété d'un autre, ce qui est impossible, puisque c'est le demandeur lui-même qui est propriétaire ; en tout cas cette attitude lui donnerait la qualité de défendeur dans une question de propriété si elle venait à être mise en jeu. Cette manière de faire ne peut donc présenter pour le demandeur aucun inconvénient, et elle offre un très grand avantage.

La preuve de la propriété était en effet très difficile à faire en droit romain, puisqu'il fallait remonter à un mode originaire d'acquisition. On appelait cette preuve la *probatio diabolica* ; se présentant comme possesseur de bonne foi, il suffira au demandeur de démontrer son juste titre, c'est-à-dire

1. Cette règle n'était cependant pas absolue et on en était arrivé à mettre à la charge du défendeur l'obligation de démontrer la non propriété du demandeur.

le mode d'aquisition le plus rapproché qui a mis la chose en sa possession ; il n'aura rien à prouver au delà, la preuve de la mauvaise foi étant mise à la charge du défendeur.

En second lieu le demandeur devra établir l'existence du *damnum* dans les conditions mêmes de la loi Aquilia s'il exerce l'action directe, dans celles établies par le préteur s'il exerce l'action utile ou l'action *in factum*. Mais il lui suffira de prouver l'existence du fait dommageable, il appartiendrait au contraire au défendeur de démontrer que le fait qui dans une autre circonstance aurait pu causer un grand dommage, n'en produit pas du tout, ou tout au moins n'en produit qu'un très restreint, ex : Primus a un esclave philosophe, à qui Secundus brise un bras, il est certain que cet accident enlèvera beaucoup moins de valeur à l'esclave philosophe qu'il n'en aurait enlevé à un esclave portefais par exemple, c'est le défendeur qui devra faire la preuve de ces faits propres à atténuer sa responsabilité pécuniaire.

En troisième lieu le demandeur devra établir l'existence d'un acte positif imputable au défendeur ; il faudra, bien entendu, encore ici faire la preuve que ce fait peut bien, par ses caractères, donner lieu à l'application de la loi Aquilia..

Si, au lieu de raisonner sur le droit romain, nous

étudiions la législation française moderne, nous dirions qu'une dernière preuve reste encore à faire
pour que le demandeur ait établi son droit à une
réparation, ce serait la preuve du rapport de cause
à effet existant entre le fait illicite imputable au défendeur, et le dommage éprouvé par le demandeur.
Mais en droit romain cette preuve ne paraît pas exigée du demandeur, il semble au contraire exister
une sorte de présomption par laquelle le dommage
arrivé à la suite d'un acte remplissant les conditions de la loi Aquilie, est considéré comme la conséquence de ce fait, par cela seul qu'il en a été pré-
cédé, à condition bien entendu qu'une certaine vrai-
semblance existe qui puisse faire admettre ce rapport de cause à effet. Nous trouvons un exemple de
ceci dans la loi 7 § 5, IX, t. II dans laquelle Ulpien
nous dit : *si quis servum ægrotum leviter percusserit,
et is obierit, recte Labœo dicit, Lege Aquilia eum teneri.*

Cet exemple est frappant et apporte une preuve
très grande de ce que nous disions tout à l'heure, la
mort de l'esclave peut en effet avoir été produite
par la maladie, et il se peut que le coup, d'autant
plus qu'on le suppose léger, n'ait été pour rien
dans le dommage éprouvé par le maître de l'esclave
mort.

Cette présomption est ce que nous appellerions
aujourd'hui une présomption *juris tantum*, en ce sens

que le défendeur pourra la combattre par la preuve contraire, mais elle a cependant pour conséquence de mettre à la charge du défendeur une preuve qui aujourd'hui incomberait au demandeur.

En ce qui concerne l'irresponsabilité, la preuve incombe au défendeur.

Les moyens de preuve, tant pour le demandeur que le défendeur, ne nous paraissent nullement limités, le juge ne devra s'inquiéter que d'une chose c'est de prononcer en pleine connaissance de cause.

CHAPITRE IV.

CONCOURS DE L'ACTION AQUILIENNE AVEC D'AUTRES ACTIONS

Un même fait peut donner lieu à plusieurs actions; il peut donner lieu en même temps :

1° A une action *ex contractu* ou *quasi ex contractu* et à l'action de la loi Aquilia.

2° A une action pénale civile autre que l'action aquilienne en même temps qu'à cette dernière.

3° L'action de la loi Aquilia peut être en concours avec une action pénale civile.

Lorsque deux actions sont en concours, on peut supposer trois façons de régler le droit du demandeur.

Ou bien on lui accordera le droit d'exercer les deux actions l'une après l'autre et chacune pour le tout. Ou bien on le forcera à choisir entre les deux; ce choix de l'une des actions entrainant l'abandon de l'autre.

Ou bien encore, à supposer qu'il a exercé d'abord l'action qui devait lui faire obtenir la moindre condamnation, on pourra lui accorder le droit d'exercer l'autre, *in eo quod amplius est.*

1° Supposons que l'action aquilienne est en concours avec une action persécutoire de la chose. Ceci se présentera dans le cas où un rapport contractuel existerait entre les deux parties, car dans ce cas, outre l'action aquilienne que nous lui supposons applicable sans entrer dans des détails plus complets que nous aurons l'occasion de donner dans la seconde partie de ce travail, le fait dommageable donnera lieu à l'application d'une action contractuelle.

L'*actio legis Aquiliæ* peut dans certains cas être cumulée avec elle-même (L. 46 et 47 IX, t. III).

Voici l'hypothèse prévue par ces textes. « Un esclave a été blessé, et son maître a intenté l'action Aquilienne en se basant sur le troisième chef de la loi. Par la suite l'esclave vient à mourir, l'action Aquilienne pourra de nouveau être intentée, mais en vertu du premier chef cette fois. *Si vulnerato servo lege Aquilia actum sit ; postea mortuo ex vulnere, agi lege Aquilia nihilominus potest.* Mais comme il ne serait pas juste que le défendeur payât deux fois la même chose, il devra faire insérer dans la formule une exception de dol afin de faire déduire de la seconde condamnation ce qu'il a déjà payé en vertu de la première.

2° L'action Aquilienne peut être en concours avec une action pénale privée. — le concours se réalisera dans l'hypothèse où un même fait donnera lieu à l'application de différentes lois pénales. Quel sera dans ce cas le droit du demandeur? Sur ce point les textes nous présentent les vestiges de trois systèmes :

A. Modestin soutenait qu'aucun cumul ne pouvait avoir lieu. Que le demandeur devait choisir entre les deux actions et qu'il était obligé de s'en tenir à son choix alors même qu'il était mauvais. (L. 53, pr. XLIV, t. VII).

B. Paul admettait bien lui aussi que le cumul devait être prohibé; dans le cas cependant où le demandeur aurait commencé par l'action la moins avantageuse il l'autorisait à exercer l'autre dans la mesure où cela pouvait lui être avantageux *in id quod amplius est.* Il s'agit par exemple d'un esclave frappé d'une manière injurieuse pour le maître, dans ce cas ce dernier peut avoir le choix entre l'action d'injure et celle de la loi Aquilia.

C. Enfin le troisième système, qui n'a pas tardé à triompher, ainsi que nous l'apprend Hermogénien. (L. 32. XL, IV, t. VII), était dû à Ulpien et admettait le cumul complet. Le célèbre jurisconsulte légitimait sa manière de voir dans les termes suivants : *Nunquam pœnales actiones de eadem pecunia concurrentes, alia aliam consumit.* Cette solution est reproduite par Justinien dans les Institutes au § 1 (IV, t. IX).

3° Notre action peut enfin se trouver en concours avec une action pénale publique. — Cette hypothèse ne présente aucune difficulté, il s'agit en effet de deux actions ayant deux buts absolument différents, l'action publique n'a en effet comme but que de faire infliger une peine au coupable, l'action Aquilienne au contraire, même dans sa partie pénale a pour objet le règlement d'intérêts privés.

Il s'agit par exemple du meurtre d'un esclave, un tel fait donnait lieu à l'application de deux lois la *lex Cornelia de sicariis* et la *lex Aquilia*.

L'auteur du meurtre pourra être condamné à mort en vertu de la premiere de ces lois et en plus sera tenu de réparer le dommage causé au maitre de l'esclave en vertu de la seconde *si dolo servus occisus sit, et lege Cornelia agere dominum posse constat, et si ege Aquilia egerit, præjudicium fieri Cornelia non debet.*

DEUXIÈME PARTIE

CAAPITRE I

FAUTE CONTRACTUELLE.

La responsabilité contractuelle diffère essentiellement de la responsabilité aquilienne. La faute, en
effet, n'émane plus d'un étranger, c'est-à-dire d'une
personne non tenue d'une obligation préexistante
d'agir, mais bien d'un individu lié en vertu d'un contrat ou d'un fait volontaire et licite faisant présumer un consentement et équivalent à une convention.

A la différence de la faute aquilienne, la faute
contractuelle consiste dans la violation d'une obligation particulière, vis-à-vis non plus de tous, mais
d'une personne déterminée ; obligation imposant
tantôt certains actes, tantôt certains soins relativement à la chose qui fait l'objet de la convention,
tantôt enfin certaines abstentions.

. On peut donc dire que le dommage causé à autrui consiste ici dans l'inexécution de la convention.
Cette obligation prend en droit le nom de diligence ;
son omission s'appelle dol ou faute.

Nous étudierons sur cette matière les deux questions suivantes.

I. Prestation des Fautes.

II. Preuve.

En droit romain il existe deux sortes de contrats qui sont différents quant aux règles qui les régissent ; je veux parler des contrats de droit strict et de ceux de bonne foi.

Ce qui distingue les premiers, c'est que le juge appelé à les sanctionner en doit appliquer rigoureusement la lettre sans s'occuper de l'intention présumée des parties et sans rechercher si le débiteur a agi de bonne ou de mauvaise foi (1). De cette notion il résulte, qu'une théorie des fautes a peu d'importance en cette matière. Nous allons cependant l'étudier avec soin et nous diviserons cette théorie de la prestation des fautes contractuelles en deux parties. Dans la première nous étudierons la prestation des fautes dans les contrats de droit strict, et dans la seconde nous nous occuperons, ce qui nous retiendra beaucoup plus longtemps, de la prestation des fautes dans les contrats de bonne foi.

§ 1. — *Prestation des fautes dans les contrats de droit strict.*

Les contrats de droit strict sont au nombre de

1. Ceci absolument vrai, jusqu'à l'introduction de la *clausula doli*, et de l'action de *dolo* et a cessé de l'être depuis que la *clausula doli* est devenue de style.

trois principaux : Le *mutum*, l'*expensilatio* ou contrat *litteris*, et la stipulation, le plus important (1)

Le *mutuum* n'ayant pour objet que des quantités et l'*expensilatio* ne s'appliquant qu'à des sommes d'argent il ne peut être question de théorie des fautes relativement à ces contrats, puisque le débiteur reste toujours tenu de la prestation initiale, les genres ne périssant pas.

Pour la stipulation il en est autrement. Elle peut en effet s'appliquer à toutes sortes de conventions, et leur donner la vertu de devenir obligatoires.

La stipulation peut donc avoir pour objet un fait, une abstention ou un corps certain.

Dans le cas où elle a pour objet un corps certain, il ne peut être question de prestation des fautes, car le débiteur n'est tenu à aucun soin relativement à l'objet de l'obligation, à moins, bien entendu, qu'il n'existe une clause spéciale relative à ce point. A défaut d'une telle clause son obligation se borne à ne pas rendre l'exécution impossible par son fait actif, en d'autres termes, il ne répond que de sa faute *in committendo*, à l'exclusion de celle *in omittendo*, il existe sur ce chef une ressemblance très grande entre la faute aquilienne et la faute contractuelle

1. A laquelle il faut ajouter : la *dotis dictio*, et le *jusjurandum liberti*.

commise dans de telles circonstances. Il n'y a aucune
interprétation de la volonté présente des parties, et
de même que le juge qui est appelé à apprécier s'il
y a faute aquilienne ou non, doit s'en tenir aux termes formels de la loi, de même, lorsqu'il s'agit d'un
contrat de droit strict. doit-il rester confiné dans la
sphère précise que lui assigne cette loi spéciale des
parties qui est appelée la stipulation. C'est ce que le
jurisconsulte Paul exprime dans la loi 91 pr. (XLV,
t. I). *An culpa quod ad stipulationem attinet, in faciendo accipienda sit non in non faciendo? Quod magis pro-
bandum est, quia dari promisit ad dandum, non facien-
dum tenetur.*

D'après la loi 7 § 3 *de dolo malo* (1) il semble que
même le simple fait d'avoir détérioré la chose n'en-
trainait par la responsabilité du débiteur lors même
que cette détérioration eût été la conséquence de son
fait actif et non pas de son abstention. Julien nous
dit cependant dans la loi 33, § 1, XLVI, t. III, qu'on
admettait un tempérament à cette règle et que le
créancier avait le droit de refuser l'objet endom-
magé dans de telles conditions.

Dans le cas, au contraire où la stipulation a pour
objet un *facere*, il est évident que le débiteur ne

---

1. Ulpien; IV, t. III, faisons remarquer que le jurisconsulte
accorde l'action de dol, tout en refusant l'action *ex stipulatu.*

pourra pas remplir son obligation, s'il ne sort pas de son inaction, donc dans ce cas il devra réparer les conséquences dommageables de son abstention. Dans ce cas il sera tenu de sa *culpa levis in abstracto.* C'est ce que nous dit le jurisconsulte Venuleius dans la loi 137 § 2 (XLV, t. I,) Il suppose que j'ai promis de livrer un objet à Ephèse, il faut donc que je fasse quelque chose, que je me transporte d'un lieu dans un autre. De plus, il faut supposer qu'aucun terme n'ayant été fixé, c'est au juge qu'il appartiendra de dire quel délai était nécessaire et il nous dit que dans un tel cas il faudra rechercher quel temps mettrait un bon père de famille à faire la route. C'est nous dire que le débiteur est tenu d'agir en bon père de famille, et qu'il est responsable de sa faute légère *in abstracto.*

§ 2. —*Prestation des fautes dans les contrats de bonne foi.*

Nous avons, vu en ce qui concerne la loi Aquilia, qu'il n'y avait pas à distinguer entre le dol, autrement dit la mauvaise foi, et la simple faute ou erreur involontaire. *In lege Aquilia et levissima culpa venit.* Il n'en est pas de même de la faute contractuelle qui, dans les contrats de bonne foi varie suivant la nature et l'objet des conventions. Il devient essentiel dès lors de déterminer les idées de dol et de faute.

Le dol c'est la faute intentionnelle, dans laquelle non seulement le manquement a été volontaire mais encore intentionnel.

La simple faute est une erreur une étourderie, dont la gravité peut aller s'atténuant par dégrés depuis les régions voisines du dol, jusqu'à celles qui avoisinent le cas fortuit, c'est-à-dire l'évènement impossible à prévoir ou à empêcher.

Aucune matière n'a peut-être donné lieu à plus de controverses que celles de la prestation des fautes. Nous exposerons brièvement les principaux systèmes, on peut tout d'abord les diviser en deux grandes catégories :

I. Ceux qui admettent un triple degré de prestation.

II. Ceux qui n'en admettent que deux degrés.

I.

Ce système a pour lui la tradition, il est enseigné avec quelques variantes dans l'exposé desquelles nous n'entrerons pas par Accurse et les glossateurs, par Cujas (1), Heinecius (2), Vinnuis (3), Potier (4).

1. Cujas, dans plusieurs endroits mais principalement dans le tome IXe aux pages 294, 298, 330 et suiv.
2. *Elémenta juris ciriles* § 787.
3. *Ad. Inst. lib* 3, t. 15, § 3.
4. *Obligations*, t. 2, n° 142.

Dans ce système on a soin tout d'abord de distinguer le dol et la simple faute. Le premier étant la faute intentionnelle.

Une fois cette distinction établie, on subdivise la faute en trois catégories auxquelles, correspond un triple degré de diligence dont la faute n'est que la déviation.

1° La faute lourde qui est, dit Cujas. (T. IX, c. 380 C) *dolo proxima* ou qui consiste à ne pas apporter aux affaires d'autrui le soin que les personnes les moins soigneuses et les plus stupides ne manquent pas d'apporter à leurs affaires. On l'oppose à la bonne foi, et elle est assimilée au dol.

2° La faute légère qui correspond à la diligence moyenne, ou, comme le dit Pothier (1), « à la diligence commune, » elle consiste à ne pas apporter à l'affaire d'autrui le soin que le commun des hommes apporte ordinairement à ses affaires. Cette faute est la déviation de la diligence du bon père de famille.

3° Enfin la faute très légère, qui est *câsui proxima* (2) de même que la faute lourde est *dolo proxima* et qui consiste à « ne pas apporter le soin que les personnes les plus attentives apportent à leurs affaires ».

1. *Traité des obligations*, t. II, p. 407.
2. Cujas *loco citato*.

A cettre triple division de la faute correspond une triple division des contrats, dans lesquels le débiteur est astreint à une diligence différente suivant la classe dans laquelle est rangé le contrat duquel découle son obligation.

Dans la première catégorie, le débiteur n'est tenu que d'agir de bonne foi, c'est-à-dire de s'abstenir de tout dol et de la faute grossière. On reconnaît les contrats qui doivent y être classés à cette particularité que la convention est faite dans le seul intérêt du créancier. On peut donner comme type de cette première espèce le contrat de dépôt gratuit. Cette règle ne va pas du reste sans exceptions. Les textes en présentent trois qui se réfèrent au contrat de mandat, au quasi-contrat de gestion d'affaires et cela pour des raisons que nous nous réservons d'indiquer plus tard, et à la tutelle *in favore pupilli* nous dit Heineccius. Dans ces contrats le débiteur est tenu de sa faute légère.

Dans la seconde catégorie le débiteur est tenu d'apporter aux affaires d'autrui la diligence commune d'un bon père de famille. Les contrats qui doivent y être classés sont ceux où les deux parties ont un intérêt réciproque dans le *negotium*.

Enfin sont tenus de l'*exactissima diligentia* les débiteurs pour qui seuls le contrat présente de l'intérêt tel est le commodat.

Tel est, dans ces traits généraux et sauf quelques différences de peu d'importance, ce système qui a été soutenu par un grand nombre de jurisconsultes les plus éminents.

Il est inadmissible, nous allons nous efforcer de le démontrer en indiquant sur quels arguments ses partisans prétendent le baser et en les réfutant.

Le premier argument est tiré du § 2, de la loi 5, XIII, t. VI, qui est ainsi conçu.... *Et quidem in contractibus interdum dolum solum, interdum et culpam præstamus ; dolum in deposito, nam, quia nulla utilitas ejus versatur, apud quem deponitur merito dolus præstatur solus, nisi forte et merces accessit : tunc enim (ut est et constitutum) etiam culpa exhibetur :...... Sed ubi utriusque utilitas vertitur, ut in empto, ut in locato, ut in dote, ut in pignore, ut in societate : et dolus et culpa præstatur. Commodatum autem plerumque solam utilitatem continet ejus, cui commodatur; et ideo verior est Quinti Mucii sentencia, existimantis, et culpam præstandam et diligentiam.*

La loi 5 semblait bien donner raison aux partisans de ce système, au premier abord elle parait diviser en effet les contrats en trois classes différentes d'après les trois formules que nous avons données plus haut, et ce mot *diligentia* ajouté au mot *culpa* pouvait faire croire que dans le cas ou le débiteur est seul intéressé dans l'affaire, il était astreint à quelque chose de plus que la diligence du bon père de famille,

Mais tout ceci n'est qu'une illusion, et il est assez facile de voir que le jurisconsulte n'établit pas ici trois degrés de faute, mais deux seulement. Le dol et la faute lourde d'une part, et la faute légère de l'autre. Après avoir, dans les deux premières phrases, établi cette distinction, il se demande dans la troisième de quelle faute est tenu le commodataire, et il reconnaît que bien que dans ce cas il n'y ait pas d'intérêt réciproque des parties, cependant, attendu que le commodataire est seul intéressé dans l'opération, il sera tenu de sa faute légère. D'ailleurs, dans ses deux termes cette phrase : *et culpam præstaudam et diligentiam*, exprime la même idée, à savoir qu'il ne suffit pas au commodataire pour échapper à tout reproche, d'agir de bonne foi, sans dol et sans faute lourde, mais qu'il doit encore apporter à la conservation de la chose les soins d'un bon père de famille. Pour admettre l'interprétation du texte fourni par les partisans du système des trois fautes, il faudrait supposer que les jurisconsultes romains manquaient de netteté dans l'esprit. Vouloir en effet aggraver *culpa* par *diligentia*, c'est additionner deux valeurs dont la nature est absolument différente, la faute n'étant, ainsi que nous l'avons dit plus haut que la déviation de la diligence. D'ailleurs, une telle manière de voir est absolument condamnée par la loi 68, XVIII, t. I, dans laquelle le jurisconsulte **Proculus** indique que le manque de diligence est constitutif de la faute, comme le manque de bonne foi est constitutif du dol. *Existimo te non solum bonam fidem, sed etiam diligentiam præstare debere, id est non solum ut a te dolus malus absit, sed etiam ut culpa.*

Enfin dans le texte même de la loi 5, le jurisconsulte distingue : non pas trois degrés de faute, mais deux seulement. Il se demande si le commodataire est tenu de son dol seulement, de sa faute, ou *omne periculum* c'est-à dire même du cas fortuit, cela ne fait que deux degrés de faute : le dol et la faute.

Les partisans du système des trois fautes, ont cru trouver un autre argument à l'appui de leur opinion dans le rapprochement entre deux textes.

1° Le § 4 L. III, t. XV aux Instilutes, qui parlant des soins que doit apporter le créancier gagiste à la conservation de la chose objet du droit de gage contient les phrases suivantes : *Sed quia pignus utriusque gratia datur, et debitoris quo magis pecunia ei credatur, et creditoris quo magis ei in tuto sit creditum placuit sufficere, si ad eam rem custodiendam, exactam diligentiam adhibeat : quam si præstiterit, et aliquo fortuito casu rem amiserit, securum esse nec impediri creditum petere.*

2° L'autre texte est la loi 1 § 4 XLIV t. VII qui est ainsi conçu : *Is vero qui utendum accepit, si majore casu*

cui humana infirmitas resistere non potest (veluti incen-
dio, ruina, naufragio) rem quam accepit, amiserit, se-
curus est : alias tamen exactissimam diligentiam custo-
diendæ rei prœtare compellitur.

On a immédiatement fait ressortir l'opposition qui existe entre ces deux termes : *exacta diligentia et exactissima diligentia,* et on a voulu en tirer la preuve de l'existence de la faute très-légère et de l'obligation pour le débiteur qui a seul intérêt dans l'affaire d'apporter à la garde de la chose à lui prêtée *exactissimam diligentiam,* c'est-à-dire les soins du bon père de famille le plus diligent.

Mais on peut faire observer que ces deux textes n'ont pas plus l'un que l'autre pour objet de décharger le débiteur d'un degré de fautes ou au contraire de le faire tomber sous un régime plus sévère quant à la faute ; les textes s'occupent du cas fortuit et indiquent que le créancier gagiste ni le commodataire ne sont tenus de plein droit de réparer le dommage causé par cas fortuit ou de force majeure.

Quant à l'emploi du superlatif *exactissima diligentia,* lorsqu'on parle du commodataire, il ne faut y voir qu'une forme plus accentuée de langage, et non par une une idée d'aggravation dans la responsabilité ; pour qu'en effet un tel sens pût lui être donné, il faudrait que les deux expressions se trouvassent dans le même texte, établissant ainsi une sorte de gradation, que rien ne nous autorise à établir entre deux textes absolument différents.

Après avoir montré l'inanité des arguments présentés par les partisans du système, on peut encore en démontrer le peu de solidité par des arguments directs, qui montreront le bien fondé des critiques faites par nous à cette opinion.

Dans la loi 17 §2 XIX t. V, le jurisconsulte Ulpien s'exprime ainsi : *Si cui inspiciendum dedi, sive ipsius causa, sive utriusque, et dolum et culpam mihi præstandam esse dico, propter utilitatem, periculum non. Si vero mei duntaxat causa datum est, dolum solum.* Il est difficile d'être plus net, le jurisconsulte n'admet que deux degrés de faute, le dol et la faute légère, et il établit une assimilation complète entre le cas où le débiteur a seul intérêt dans l'affaire et celui où cet intérêt est partagé par le créancier. En d'autres termes, on ne considère que cela : le débiteur est-il intéressé dans le *negocium* il est tenu de sa faute légère ; n'est-il au contraire qu'un complaisant, il doit seulement agir de bonne foi.

Un autre texte du jurisconsulte Africain nous mène à la même conclusion quoique d'une façon peut-être moins nette. C'est la loi 108,§ 12, XXX t. I ; il y est dit :.. *in contractibus fidei bonæ servatur, ut si quidem utriusque contrahentis commodum versetur, etiam culpa, sin unius solius, dolus malus tantummodo præstetur.* Dans cette dernière phrase il ne peut évidemment être question que du cas où l'intérêt seul du créancier est en jeu, et le jurisconsulte ne parle nullement de celui ou le débiteur est seul interessé, c'est que cette hypothèse rentrait dans le premier paragraphe et que dans ce cas de débiteur devrait être traité comme lorsque l'intérêt était partagé.

La loi 23, L. t. XVII paraît aussi condamner absolument le système des trois fautes. Ceci est d'autant plus important que cette loi célèbre paraît contenir le résumé et l'exposé de la matière des fautes dans les conventions; le jurisconsulte Ulpien s'y exprime en ces termes : *Contractus quidam dolum malum duntaxat recipiunt, quidam et dolum et culpam : dolum tantum, depositum et precarium : dolum et culpam, mandatum, commodatuon, venditum, pignoris acceptum, locatum, item dotis datio, tutelæ, negotia gesta (in his quidem et diligentiam) societas et rerum communio, et dolum et culpam recipit.*

Enfin cette classification des fautes en trois catégories entraine des conséquences qui sont niées par les textes. Ainsi dans cette opinion la vente et le contrat de société sont assimilés l'un à l'autre, tandis qu'il en est tout différemment dans les textes. Ainsi le § 9 *de societate,* III, t. XXVI aux Inst. nous dit : *sufficit enim talem diligentiam communibus rebus adhibere (socium) qualem suis rebus adhibere solet.* Les lois

72 *pro socio* et 25 § 16 *familiæ erciscundæ* au Digeste nous donnent la même solution.

D'autre part, la loi 3, XVIII t. VI, loin d'établir un rapprochement entre la société et la vente, l'établit entre la vente et le commodat ; le jurisconsulte Paul nous dit à ce sujet : *custodiam autem venditor talem præstare debet, quam præstant hi, quibus res commodata est ; ut diligentiam præstet exactiorem quam in suis rebus ad hiberet.*

II. — *Systèmes n'admettant que deux degrés de faute.*

Le trait commun à toutes les opinions qui peuvent être placées dans cette seconde catégorie est l'admission d'un double degré de faute, et non plus d'un triple degré.

Cette théorie, après avoir lutté pendant longtemps contre le système des trois fautes ayant comme principaux champions Doneau et Lebrun est enfin arrivée à triompher, et tous les systèmes enseignés aujourd'hui sur cette question ont pour base commune l'admission de la théorie des deux fautes.

Ces deux fautes sont :

1° Le dol et la faute lourde qui y est assimilée.

2° La faute légère.

On voit qu'il n'est plus question de la faute très légère.

Cependant il n'y a qu'à lire la loi *contractus.* (L. 23 *de regulis juris*, L. XVII) pour voir que si le jurisconsulte Ulpien admet l'existence de deux fautes seulement il indique que la faute légère n'est pas toujours appréciée de la même façon. Ce qui fait dire que bien qu'il n'admette que deux degrés de faute, il admet cependant un triple degré de prestation. C'est la cause de l'erreur des auteurs partisans du système des trois fautes.

C'est sur cette question de l'appréciation différente suivant les cas de la faute légère et de la diligence qui y correspond que les auteurs sont le plus généralement en désaccord. Après avoir indiqué les principales opinions émises relativement à la nature de la faute lourde nous passerons rapidemment en revue celles qui ont été émises relativement à la prestation de la faute légère, et nous terminerons enfin en exposant et démontrant quel est le seul vrai système romain sur ce point délicat.

1° *Faute lourde.* — Pour certains auteurs, elle consiste non seulement à ne pas apporter aux intérêts d'autrui le soin que l'homme le moins diligent apporte à ses propres affaires, mais encore à agir moins bien dans l'intérêt d'autrui que nous ne le ferions s'il s'agissait d'intérêts qui nous fussent propres (1). Il y a en ceci une grande part de vérité, mais l'erreur de ces auteurs consiste à faire de la faute appréciée *in concreto* toujours une faute assimilable au dol, tandis

1. Il est à remarquer que cette définition de la faute lourde était déjà admise par les partisans des trois fautes.

qu'il peut en être et qu'il doit en être souvent autrement, ainsi que nous l'indiquerons en exposant plus loin l'opinion qui seule nous parait conforme aux textes, nous montrerons aussi à ce moment l'intérêt de cette distinction, qui ne ressort pas à première vue.

D'autres auteurs (M. Ducaurroy), soutiennent qu'elle ne consiste jamais que dans le fait de ne pas prendre les soins que l'homme le moins intelligent prendrait de ses propres affaires.

Mais cette opinion n'est pas soutenable, car d'une part agir avec moins de soins pour la gérance des affaires d'autrui que pour celle des siennes propres constitue toujours un manque de bonne foi et, d'autre part les auteurs partisans de ce système se heurtent à un texte précis de Celsus (L. 32, XVI, t. III), qui dit : *Si quis ad eum modum quem hominum natura desiderat diligens est, nisi tamen ad suum modum curam in deposito præstat, fraude non caret.*

Mais tous sont d'accord sur ce principe, quelle que soit leur manière de définir la faute lourde, qu'elle doit être assimilée au dol, et que tous les débiteurs sont tenus de s'en abstenir sous peine d'agir de mauvaise foi.

2° *Faute légère.* — Pour éviter une telle faute il ne suffira pas au débiteur d'agir de bonne foi, et de ne pas commettre de ces fautes énormes dont aucun homme intelligent ne peut se rendre coupable, il faut encore prendre certains soins, s'employer activement et d'une manière suffisante à la conservation de l'objet où à la prestation du service promis. Les romains n'aimaient pas à laisser aux juges une trop grande liberté d'appréciation et dans notre matière ils avaient établi des règles précises. Quelles sont-elles? voilà où commence la difficulté.

Nous commencerons par présenter d'une façon très brève le système de Doneau qui a droit de primer les autres puisqu'il est la première protestation contre le système des trois fautes. La faute légère est toujours appréciée d'une seule manière, elle consiste à ne pas apporter à la sauvegarde des intérêts d'autrui tous les soins d'un bon père de famille. Cependant, les jurisconsultes emploient tantôt le seul mot *culpa* tantôt ils y ajoutent celui de *diligentia*. Dans le premier cas c'est que le débiteur n'est tenu que de ses fautes *in commitendo* dans l'autre il est tenu de ses fautes mêmes *in omittendo*. Sont tenus de leur faute légère seulement *in committendo*; le sociétaire, le communiste, le mari relativement à la dot, et le tuteur. Sont au contraire tenus de leur faute légère, même *in omittendo* : le vendeur, le locataire, le créancier gagiste, et le commodataire.

Cette distinction en faute d'action et faute d'omission qui présente un intérêt véritable quand il s'agit de délits ou de contrats de droit strict, n'a rien à faire dans la théorie des fautes dans les contrats consensuels.

C'est ce dont il est impossible de douter en étudiant les lois 32, XVI, t. III, où Celsus prend comme synonymes les mots *cura*, qui représente l'absence de faute d'action et *diligentia* qui indique le zèle; 24 § 5, XXIV, t. III, dans laquelle le jurisconsulte Ulpien dit que le mari doit apporter à la conservation des esclaves dotaux la *diligentia* qu'il apporte à celle de ses propres esclaves, tandis que Doneau place le mari relativement aux valeurs dotales au nombre des débiteurs qui ne sont tenus que de leur faute *in committendo*.

Des auteurs modernes ont admis eux aussi cette idée que la faute légère est toujours appréciée *in abstracto*, c'est-à-dire d'après ce type idéal qu'on appelle le bon père de famille. Les uns, comme M. Ortolan, admettent qu'il n'existe que deux fautes et deux prestations et que les débiteurs qui ne sont pas tenus de la faute légère *in abstracto* ne sont tenus que de leur faute lourde *in concreto*. Ce système arrivant à mettre sur le même plan le sociétaire, le communiste, le mari, le tuteur et le dépositaire, doit être rejeté.

Je citerai encore comme mémoire le système de M. Molitor qui verrait dans l'obligation de faire fructifier la chose objet du contrat, une aggravation de la diligence correspondant à la faute légère pour certains contrats. Mais ce n'est qu'une curiosité juridique à laquelle nous ne nous arrêterons pas plus longuement.

Arrivons maintenant au véritable système des jurisconsultes sur ce point important.

L'honneur d'en avoir tout d'abord indiqué les bases véritables appartient à Lebrun dans son *Essai sur la prestation des fautes*, par lequel il n'est pas parvenu à convertir Pothier et à lui faire abandonner sa vieille erreur.

Dans cette opinion on admet l'existence de deux degrés de fautes :

1° *La culpa data*. — Qui a été assimilée au dol par les jurisconsultes des IIe et IIIe siècles (L. 226, L. t. XVI). Elle consiste non seulement à ne pas comprendre *quod omnes intelligunt* mais encore à traiter la chose d'autrui moins soigneusement que sa propre chose, L. 32, XVI, t. III). Nous allons voir cependant que cet acte peut également constituer une faute légère, appréciée *in concreto*, et que la seule différence pratique entre la faute lourde appréciée *in concreto*, et la faute légère appréciée de même se réfère à une question de preuve. Nous verrons en effet en traitant de cette dernière matière, que le dol ne se présumant pas, le créancier dont le débi-

teur n'était tenu qu'à agir de bonne foi devra toujours
prouver le dol tandis que dans le cas où le débiteur
était tenu de ne pas commettre de faute légère *in
concreto*, le créancier n'ayant à démontrer que le
fait de l'inexécution contractuelle, il appartiendrait
au premier de prouver que cette inexécution ne lui
est pas imputable attendu qu'il a apporté aux
affaires d'autrui les mêmes soins qu'à ses propres
affaires.

2° La *culpa levis*. — Où se trouve compris tout ce
qui n'est ni faute lourde ni cas fortuit.

Quoique n'admettant l'existence que de deux fautes, nous devons cependant, pour nous conformer
aux textes que nous avons étudiés plus haut,
trouver trois prestations trois degrés différents de
prestation.

La *culpa levis* peut être appréciée de deux manières différentes, l'*œstimatio*, comme dit Gaïus dans la
loi 18 pr. (L. XIII, t. VI), pour indiquer cette opéra-
ration, peut s'en faire de deux manières :

1° Ou bien on peut comparer la diligence apportée par le débiteur dans la gestion des intérêts du
créanciers à la diligence qu'il apporte dans celle
de ses propres affaires ; on dit que dans ce cas la
faute est appréciée *in concreto*.

Pour indiquer que le débiteur est tenu d'une
telle diligence les textes s'expriment ainsi : *prœstare
dolum et culpam.*

2° Ou bien on compare la diligence du débiteur à un type idéal, celle du bon père de famille, c'est-à-dire de l'homme qui, soigneux de ses affaires, y apporte tous les soins que lui permet d'y apporter l'intelligence que la nature lui a départie. Il faut bien se garder de croire, comme l'ont fait certains auteurs, que ce type soit immuable. Il doit être différent suivant l'âge, le sexe la capacité du débiteur car si l'on peut exiger qu'un homme fasse tout ce dont il est capable, il serait injuste et illogique de vouloir réclamer plus de lui.

Le défaut de cette diligence est appelé par les commentateurs *culpa in abstracto*, et pour indiquer que le débiteur est tenu d'apporter à l'exécution de son obligation les soins d'un bon père de famille, les textes disent qu'il doit *præstare dolum, culpam et diligentiam*.

A côté du mot *diligentia* on rencontre souvent dans les textes celui de *custodia*. Ce mot n'est souvent que le synonyme du mot *dilligentia*, mais quelquefois (il en est ainsi dans la loi 35 § 4 XVIII, t. I) le mot *custodia* indique que le débiteur s'est dans une certaine mesure engagé à répondre du cas fortuit. Outre la loi que nous venons de citer, nous trouvons une application de cette idée dans la § 3 III, t. XXIII aux Institutes : *Quod si fugerit homo qui vœniit, aut subreptus fuerit, ita ut neque dolus neque culpa venditoris*

intervenial, animadvertendum erit an custodiam ejus usque
ad traditionem venditor susceperit. Sane enim si suscepit,
ad ipsius periculum is casus pertinet ; si non suscepit secu-
rus est.

Quant à l'application aux contrats de cette division
des fautes, il est difficile de poser des règles générales, il vaut mieux passer en revue les différentes conventions dont parlent les textes, et donner pour chacune la solution particulière présentée par les jurisconsultes.

On s'accorde généralement cependant à reconnaître qu'en général le débiteur qui est désintéressé
dans l'affaire, n'est tenu que *de præstare dolum*. Toutefois, cette règle reçoit une double exception en ce
qui concerne le mandataire et le gérant d'affaires.
Nous nous expliquerons sur ce point en traitant de
ces contrats.

On peut dire aussi, que lorsque la chose à conserver ou l'affaire à gérer est commune aux parties,
le débiteur est tenu de sa faute *in concreto* tandis que
lorsqu'elle est propre au créancier le débiteur est
tenu de sa faute *in abstracto*. Mais on ne tient nul
compte de cette circonstance que le créancier n'est
pas intéressé dans l'affaire.

Dans le premier cas on suppose en effet que l'intérêt qu'a le débiteur à la conservation de la chose
ou à la bonne gestion de l'affaire sera un stimulant suffisant de son activité. D'ailleurs le débiteur

propter rem suam partem causam habuit gerendi, c'est
son droit de copropriétaire qu'il exerce en s'occupant de la conservation de la chose ou de la gestion
de l'affaire. On ne peut donc pas être aussi sévère
pour lui que pour le débiteur qui n'a aucun intérêt
à ce que la chose reste en bon état, à ce que l'affaire
soit menée à bonne fin. L'intérêt ne lui sert plus
de stimulant et il ne peut pas trouver d'excuse de
son manque de soins dans ce fait qu'en exposant
les intérêts du créancier il expose ses propres intérêts, aussi un tel débiteur doit-il *præstare dolum culpam et diligentiam.*

§ 1. — *Contrats dans lesquels le débiteur ne répond que
de son dol et de sa faute lourde.*

1° *Dépôt.* (Loi 23 L. t. XVII et Loi 5, § 2, XIII, t. —
VI). Le dépositaire rend un service purement gratuit.
Telle est bien la vraie raison de cette atténuation
de responsabilité admise à son profit, car si le dépôt
cessait d'être absolument gratuit, soit parce que le
dépositaire recevrait une indemnité, soit parce qu'il
aurait le droit d'user pour son usage personnel de
la chose déposée, dans ce cas le dépositaire répond
de sa faute appréciée *in abstracto* ; il en serait de
même au cas où le dépôt au lieu d'être facultatif
serait nécessaire (L. 1, § 35, XVI, t. III).

2° *Le précaire.* — On ne comprend pas bien tout
d'abord pourquoi le précaire qui se rapproche beau-

coup plus du commodat que du dépôt est cependant assimilé à ce dernier contrat relativement à la faute. Cela tient à ce que le créancier peut dans ce contrat réclamer l'objet du précaire *ad nutum*, quand il lui convient; c'est là que doit être cherchée la raison de cette facilité laissée au précariste.

3° Contrats innomés qui ont lieu dans l'unique intérêt du *tradens*. (L. 17 § 2 *in fine*, XIX, t. V).

Ce texte vise les contrats innomés qui par leur nature se rapprochent du dépôt.

4° *Donation.* — Pour arriver à comprendre comment une donation peut devenir la cause d'un véritable préjudice pour le donataire, il faut supposer ou bien que l'objet de la donation étant nuisible à entrainé une détérioration des biens personnels du donataire, ou bien que ce dernier étant évincé est constitué en perte par cette éviction relativement à ses biens personnels.

5° Le fiduciaire. — Lorsqu'il reste sans avantage (L. 22 § 3, XXXVI, t. I).

6° Le *mensor*, arpenteur. — Qui cependant ne rend pas un service gratuit. (L. 1, § 1 XI, t. VI).

§ 2. — *Contrats et quasi-contrats dans lesquels on répond de la* culpa *appréciée in* concreto.

1° *La société*, § 9 (III, t. XXVI) aux Inst. et loi 72 (XVII, t. II). — Du moins toutes les fois que l'associé n'a pas pu gérer ses affaires sans s'occuper de celles des autres. Si au contraire les intérêts étaient susceptibles de se séparer et que néanmoins l'associé se fût .occupé de tout, il devrait être considéré comme gérant d'affaires et tenu d'être diligent comme le doit être un bon père de famille.

2° *La rerum communio* (L. 25, § 16 X, t. II)., Paul y dit relativement au cohéritier : *Non diligentiam præstare debet qualem diligens paterfamilias.... talem igitur diligentiam præstare debet qualem in suis rebus.*

Cette règle doit être étendue à tous les communistes.

3° *Dot* (L. 23. L. t. XVII). (L. 17, XXIII, t. III). (L. 24 §5 XXIV, t. III). (L. 18 pr. XIII, t. VI).

Le mari n'est tenu que de sa faute *in concreto,* parce que, bien qu'il soit le maître unique de la dot pendant le mariage, la femme, en prévision de son droit à obtenir la restitution de la dot après le mariage est déjà pendant le mariage considérée comme copropriétaire, le mari est donc assimilé à un communiste agissant pour l'intérêt de la communauté.

Mais ici se présente une difficulté : la loi *contractus* (23, L. t. XVII) place la *dotis datio* parmi les contrats dans lesquels le débiteur doit *præstare dolum, culpam et diligentiam,* il semblerait donc, d'après ce texte qui paraît contenir l'exposé général de la question, que le mari serait tenu de la *culpa in abstracto,* or cette solution est formellement rejetée par les au-

tres lois que nous avons citées à la suite de la loi
26. Sans vouloir entrer dans l'exposé des controverses soulevées à ce sujet, nous pensons que la loi
contractus contient une erreur dûe à l'inattention
d'un copiste.

La loi *contractus* nous indique que la volonté réciproque des parties est toute puissante pour diminuer la responsabilité du débiteur, tant que la convention n'a pas pour objet de le décharger de la
responsabilité du dol. Cette règle reçoit en notre
matière une intéressante dérogation. La loi 6 (XXIII,
t. IV) nous rapporte la phrase suivante. *Pomponius
ait, maritum non posse pacisci, ut dolum solummodo in
dotem præstet.*

4° La *tutelle.* — Ici la controverse est beaucoup plus vive qu'en ce qui concerne la dot, il
existe dans les deux sens de forts arguments de
textes.

Ulpien, dans trois textes différents, donne relativement à cette question trois solutions impossibles à
concilier.

Dans la loi Contractus, il a l'air de dire que le
tuteur est tenu de sa faute *in abstracto.* Dans la loi
7 § 2 (XXVI t. VII) il admet que le tuteur n'est tenu
de réparer que les conséquences que peut avoir *lata
negligentia.* — Enfin dans la loi 17 (XXVII t. III) il
donne une solution qui tient le milieu entre les deux

autres et reconnaît que le tuteur n'est tenu que de sa faute *in concreto*.

Dans le sens de la faute *in abstracto*, il existe deux lois.

D'abord la loi 10 (XXVI t, VII) dans laquelle le jurisconsulte dit : *Generaliter quotiescumque non fit nomine pupilli, quod quivis paterfamilias idoneus facit non videtur defendi.*

La seconde loi est de Callistrate et porte le n° 33 (XXVI t. VII).

Le jurisconsulte s'y exprime en ces termes : *A tutoribus et curatoribus pupillorum, eadem diligentia exigenda est circa administrationem rerum pupillarium quam paterfamilias rebus suis ex bona fide præbere debet.*

Les textes sont inconciliables, il est probable qu'il existait sur ce point une importante controverse.

Quant aux arguments de raisonnement ils sont bons dans les deux sens, car si l'on peut dire avec Lebrun (1) que le tuteur doit se montrer digne de la confiance qu'on lui a témoignée en gérant les biens du pupille avec tous les soins dont il est capable, on peut répondre avec M. Hass, que les fonctions du tuteur sont obligatoires et non rétribuées, et qu'il serait injuste dans ces conditions de pousser la sévérité à l'excès.

5° Le fiduciaire grevé d'un legs ou d'un fideicom-

1. Loco citato.

mis, mais à qui il reste cependant quelque chose,
(s'il ne devait rien lui rester il ne serait tenu que
de sa faute lourde.)

§ 3. — *Contrats et quasi contrats dans lesquels le débiteur est tenu de sa faute* in abstracto.

1° *Commodat.* (L. 23 L. t. XVIII). (L. 5 § 2 XIII.
t. VI). Et la raison de cette sévérité, c'est que le
commodat est fait dans l'intérêt du débiteur et sans
qu'il ait aucun droit sur la chose comme dans la
société.

S'il profite aux deux parties, ainsi que cela se rencontre dans l'hypothèse prévue par. la loi 18 pro.
(XIII, t. VII), Gaius tranchant une controverse disait
que le commodataire était tenu de sa faute *in concreto*, parce qu'il y a là un droit analogue à celui qui
appartient au mari relativement aux biens dotaux.

2° *La vente* (L. 23, L. t. XVII) (L. 35 § 4, XVIII, t. I)
(L. 36, XIX, t. I).

3° *Le louage* (L. 23, L. t. XVII) (L. 25 *in fine*, XIX,
t. II) (§ 5, III, t. XXV, aux Instituts).

4° *Le gage* (L. 23, L. t. XVII) (§ 4, III, t. XV aux
Instituts) (L. 13, § 1 et L. 14, XIII, t. VII).

Ces quatre textes contiennent la même solution et
admettent que le créancier gagiste est tenu de sa
faute légère *in abstracto.* Cependant dans la loi 18
(XIII, t. VI). Gaius donne une solution contraire et
dit qu'on n'exige du gagiste que la *diligentia rebus*

suis consueta. Cette antinomie apparente trouve son explication dans l'histoire.

Il est probable que le texte primitif de Gaius au lieu des mots : *in rebus pignori datis* contenait ces autres expressions : *rebus fiduciæ datis.* A l'époque de Gaius en effet la *fiducie* était encore en usage et elle rendait le créancier propriétaire, il était dès lors assimilé quant à la responsabilité, au mari et aux associés. Mais la *fiducie* était tombée complètement en désuétude à l'époque où fut faite la compilation qui porte le nom de Digeste et on a remplacé le mot *fiduciæ* par *pignori* sans faire attention que les règles de ces deux opérations juridiques étaient différentes.

5° *Le mandat.* — Ce contrat peut quelquefois être fait dans l'intérêt des deux parties, quelquefois dans le seul intérêt du mandant, rarement dans le seul intérêt du mandataire. D'après cela il semblerait que le mandataire dût quelquefois être tenu seulement de son dol ou de sa faute lourde tout au moins dans le cas où il n'a pas d'intérêt, où il n'est pas salarié.

Nous trouvons dans les textes la trace d'une controverse sur ce point. Car si les lois 8 § 10 et 10 (XVII, t. I), n'exigent du mandataire *nihil amplius quam bonam fidem,* cette décision est formellement contredite par la loi 23 (L. t. XVII), par la constitution 13 (IV, t. XXV, au Code) et par la constitution 21

(IV, t. XXV, au C.), qui admettent que le mandataire est tenu de sa faute *in abstracto*.

On a essayé d'expliquer cette contradiction qui existe entre les textes en disant que dans le cas où le mandat serait gratuit et n'impliquerait aucune habileté professionnelle, le mandataire serait tenu seulement de sa faute lourde. Telle serait l'hypothèse prévue par les premiers textes que nous avons cités. Il serait au contraire tenu de sa faute légère *in abstracto* dans le cas où il recevrait un salaire, et dans celui où le mandat impliquerait une certaine habileté professionnelle, de telle sorte que le mandataire serait censé avoir promis les soins nécessaires. Telle serait l'hypothèse prévue par les autres textes.

Mais une telle doctrine ne repose sur rien, c'est une simple supposition. Nous préférons voir ici la trace d'une controverse qui a été tranchée dans le sens de la sévérité plus grande, par cette raison que le mandat revêt en quelque sorte un caractère religieux et par cette autre raison qu'agissant pour un autre le mandataire doit apporter à l'exécution de son mandat les soins mêmes de celui dont il tient la place, c'est-à-dire ceux d'un bon père de famille.

6° *Gestion d'affaire.* — (§ 1 *in fine*, III, t. XXVIII aux Institutes). Les raisons qui ont fait admettre cette sévérité relativement au gérant d'affaires sont les mêmes que celles que nous venons d'exposer en traitant du mandat, elles ont encore une plus grande importance en cette matière si l'on tient compte de ce que c'est volontairement et sans en être prié que le gérant d'affaire a pris en main la direction des intérêts d'autrui.

Toutefois la loi 3 § 9 (III t. V), s'exprime en ces termes : *Interdum in negociorum gestorum actione Labeo scribit dolum solummodo versari, nam si affectione coactus, ne bona mea distrahantur, negotiis te meis obtuleris : æquissimum esse dolum duntaxat te præstare. Qua sententia habet æquitatem.* On peut aussi dire que lorsque la gestion d'affaire aura sauvé la chose d'une perte totale le gérant ne devra être tenu que de son dol.

7° Le possesseur de mauvaise foi est toujours et en tout état de cause tenu de sa faute *in abstracto* (1).

8° Le possesseur de bonne foi après la *litis contestatio*. Avant cette époque il n'est tenu que de son dol, par cette raison qu'il se croyait de bonne foi propriétaire, et qu'on ne peut pas faire un reproche à un propriétaire d'avoir négligé sa propre chose. (L. 45, VI, t. I). Mais après la *litis contestatio* son état de bonne foi cesse car il sait tout au moins que la légitimité de son droit de possession fait l'objet d'un doute, et il est tenu de la faute *in abstracto*.

9° L'usufruitier, en vertu de la caution donnée par

1. Pour le possesseur de bonne foi, aussi bien que pour celui de mauvaise foi, il faut supposer, pour que la question de faute se pose que la chose est revendiquée.

lui de jouir en bon père de famille (L. 65, VII, t. I).

10° L'héritier qui retient la Falcidie vis-à-vis des légataires (L. 47 § 4, XXX, t. I).

Une seule faute peut présenter le double caractère d'inexécution contractuelle et de *damnum injuria datum*, tel est le cas où un locataire se trouve dans l'impossibilité de rendre la chose louée, parce qu'il l'a détruite par sa faute *in committendo*. Que décider dans ce cas ? Le bailleur jouit incontestablement de l'action *locati*, sur ce point les textes ne laissent aucun doute. Nous en trouvons la preuve dans la loi 7 § 3 (*de dolo malo*) où, traitant de la vente, le jurisconsulte Ulpien dit : *cui ex empto quidem actione cessat de dolo actio, quoniam est ex empto...* cette solution doit être étendue à toutes les actions de bonne foi, et du moment que l'action de bonne foi est donnée au cas du dol à plus forte raison doit-elle l'être, dans celui où il s'agit d'une simple faute.

Mais le bailleur pourra-t-il jouir de l'action de la loi Aquilia ? voilà où la question se complique.

Pour exposer cette question clairement il est nécessaire avant tout de faire une distinction :

I. — Le fait dommageable constitue à la fois, une faute contractuelle et une faute aquilienne.

Nous n'avons pas à revenir sur ce point qui a été étudié dans notre première partie. Contentons-nous de rappeler que cette question ne présente aucune difficulté, et que le créancier jouit certainement du choix entre les deux actions.

II. — Mais la situation peut être très différente, et il arrivera souvent que bien qu'ayant apporté à la conservation de la chose faisant l'objet du contrat, tous les soins auxquels l'astreignait la convention, le débiteur n'ait cependant pas été assez diligent pour ne pas tomber sous le coup de la loi Aquilia. C'est par exemple un associé qui ayant donné à la chose commune les soins qu'il apporte à gérer ses propres affaires, a cependant commis une faute légère, dont il est coutumiers, mais qui constitue une faute aquilienne. Le créancier désarmé quant à l'action du contrat pourra-t-il agir en vertu de la loi Aquilia ? Cette question a donné lieu à une grosse controverse que nous allons nous efforcer d'exposer brièvement.

M. Hasse et tous les auteurs qui se sont ralliés à son opinion, notamment M. Alban d'Hauthuille en France tiennent pour l'affirmative. Oui, disent ces auteurs, alors même qu'il aurait pris toutes les précautions qui lui sont imposées par le contrat, le débiteur pourra être poursuivi en réparation du préjudice causé, par ce seul fait qu'il s'est rendu coupable d'une faute, si légère soit-elle, qui entre dans le nombre de celles qui peuvent donner lieu à l'application de la loi Aquilia. « Si (la faute) ne donne point lieu à la responsabilité qui nait de l'obligation, elle donne toujours naissance à l'action aquilienne; car on ne voit pas comment un fait qui me serait imputé, étant commis envers une personne à laquelle je ne devais rien cesserait d'être imputable par suite d'une obligation que j'aurais contractée (1) ». M. Grueber exprime la même idée, dans des termes qui sont peut-être encore plus frappants : La loi Aquilia dit cet auteur, établit un devoir qui existe indépendamment de toute relation contractuelle, et qui consiste à ne pas léser les biens d'autrui ; il incombe à chaque homme envers tous ses semblables, il est clair qu'il ne peut être affecté par l'existence d'une obligation. » Tout ce raisonnement peut être résumé ainsi : avant d'être contractant on est tiers, et il serait contraire à la justice qu'un cocontractant fût moins bien traité qu'un tiers. Les partisans de cette opinion ne se contentent pas de la baser sur le raisonnement juridique ils prétendent encore l'appuyer sur des textes. Ils citent les lois 54 § 2, XLI, t. 1 ; 12 § 6 et 13 pr. XL, 12; 1 § 2, XLVII, t. 4; et enfin 5 § 3 IX, t. 2.

Nous ne nous arrêterons qu'à ce dernier texte qui

1. Alban à Haulhuelle. — *Revue de législation et de jurisprudence*, II, p. 274.

seul paraît susceptible de fournir un argument
sérieux ; le jurisconsulte s'y exprime en ces termes :
*Sutor puero discenti, ingenuo, filiofamilias, parum bene
facienti quod demonstraverat, forma calcei cervicem
percussit, ut oculus puero perfunderetur. Dicit igitur
Julianus, injuriarum quidem actionem non competere :
quia non faciendæ injuriæ causa percussit, sed monen-
di et docendi causa : an ex locato, dubitat : quia levis
duntaxat castigatio concessa est docenti, sed lege Aquilia
posse agi non dubito.* Voilà, semble-t-il, bien un texte
qui fournit une espèce dans laquelle l'action de la
loi Aquilia est accordée alors que celle du contrat
est refusée. Cependant il paraît mal motivé, car
comme raison du refus de l'action *locati* le jurisconsulte nous dit que le contrat de louage de service
autorise le patron à donner à son apprenti *levem
castigationem.* Or assurément crever l'œil n'a jamais pu passer pour une punition légère, et il a
fallu que le patron frappât avec force pour avoir
causé cet accident. Nous pensons donc que ce texte
a été altéré, et qu'il faut lire non pas *dubitat* mais
non dubitat, d'ailleurs la loi 13 § 4 (XIX, t. 2) nous
donne raison sur ce point, car il y est dit que dans
le cas prévu par la loi 5 § 3 l'action *locati* appartient
au père de l'apprenti blessé : Il reste donc seulement dans ce texte une preuve de ce que nous avons
dit plus haut à savoir : que la même faute, peut

donner lieu à l'action du contrat et à celle de la loi
Aquilia, ce qui ne démontre en rien la vérité des
assertions de nos adversaires.

Maintenant que nous avons montré le peu de solidité des arguments de textes invoqués par l'école
de M. Hasse, efforçons-nous de réfuter la partie de
son argumentation qui ne repose pas sur des
textes.

C'est une erreur, nous semble-t-il, de dire que la
convention ne peut qu'aggraver la responsabilité
générale et qu'en aucun cas elle ne peut en atténuer la gravité. Ce qui est vrai c'est que la convention a pour effet de modifier et même quelquefois de supprimer la responsabilité générale, elle devient la règle unique des parties. Elle aggrave
cependant certainement la responsabilité générale
en ce sens que le débiteur ne répond plus seulement de ses fautes d'actions, mais encore de son
inaction. Mais par contre elle la diminue en ce sens
que les soins auxquels le débiteur est astreint sont
déterminés d'après les règles propres aux conventions
et que dès lors dans plusieurs cas le débiteur sera
tenu beaucoup moins sévèrement qu'il ne le serait
d'après la loi Aquilia. Il suffit d'étudier la situation
que doit régler la loi Aquilia pour voir qu'un abîme
profond la sépare de celle où la faute a été commise dans l'exécution d'un contrat. Il s'agit en effet

de deux ou plusieurs personnes absolument étrangères l'une à l'autre dont l'une, sans aucune excuse, sans que l'autre ait aucune faute à se reprocher, lui cause un préjudice par légéreté ou mauvais vouloir, mais en tout cas en détériorant une chose avec laquelle rien ne l'avait mise en rapport. Par la convention au contraire, c'est le créancier qui a choisi librement son débiteur, qui lui a confié la chose qui forme l'objet du contrat, qui l'a par conséquent de son plein gré mis dans la situation qui est devenue la cause principale de la faute et du préjudice, le plus souvent en effet s'il n'y avait pas eu de contrat, le débiteur n'eût jamais détérioré l'objet de cette convention. De plus le contrat n'a pas seulement mis le débiteur en relation avec la chose, il lui a encore imposé l'obligation de la garder, de la travailler, de la faire fructifier; autant d'obligations qui mettent le débiteur en danger de la détériorer.

Deux individus se sont associés pour monter une entreprise de transports, l'un deux, cocher de profession, est chargé de conduire les chevaux appartenant à la communauté; il est en général très brutal, et veut obtenir trop de vitesse de ses attelages. Un cheval moins résistant que les autres vient à succomber sous ses coups sans que cependant il l'ait plus maltraité qu'il n'a coutume.

N'étant tenu que de la responsabilité de sa faute légère *in concreto*, il ne peut se voir demander aucune indemnité par le créancier en vertu de la convention. Va-t-il retomber sous le coup de l'action *legis Aquiliæ*? Ceci nous paraîtrait contraire à la justice, car d'une part, lorsqu'il a consenti à former la société, le cocontractant devait connaître le défaut de ce cocher il a donc su à quoi il s'exposait, et si malgré cela il a consenti à traiter avec lui il est en faute ; d'autre part, c'est en travaillant pour la communauté que le débiteur est devenu l'auteur de ce dommage, il serait donc injuste de le traiter comme un tiers.

Dans le système que nous combattons, à quoi sert la théorie de la responsabilité dans les contrats, dont les jurisconsultes se sont tant préoccupés. A rien ou tout au moins à peu de choses, puisqu'elle serait bonne dans son application aux seuls cas où la loi Aquilia serait inapplicable, c'est-à-dire à la faute *in omittendo*.

Les jurisconsultes auraient bien fait ressortir cette particularité, si telle avait été leur idée, et nous n'en trouvons aucune trace. C'est ce que M. Labbé exprime très justement dans une phrase très-brève : « Le droit commun destiné à régir l'absence de contrat, ne doit pas servir à renverser un contrat licite ». Il est vrai, comme nous l'avons dit plus haut, que la faute contractuelle, peut dans certains cas, donner naissance à l'action aquilienne, mais dans le cas seulement où il existe réellement une faute contractuelle, et cette faculté dans le choix tient seulement à ce qu'on a voulu que dans un tel cas le créancier pût jouir de la peine édictée par la loi Aquilia.

Enfin, par la seule étude des conditions que nécessite l'exercice de l'action de la loi Aquilia, on peut se rendre compte du peu de fondement que présente la doctrine enseignée par M. Hass. Ce dernier argument a été présenté avec une rare netteté par M. Maynz : Quelle est est en effet, dit cet auteur, la condition essentielle nécessaire à l'application de l'action de la loi Aquilia ? C'est l'existence d'un *damnum injuria datum*, oʁ ıl ne peut pas pas y avoir *injuria*, c'est-à-dire injustice, à faire ce que le contrat autorise à faire (1).

De la preuve.

Nous l'avons déjà fait remarquer, en traitant de cette matière à propos de la loi Aquilia, les Romains paraissent avoir attaché à cette matière de la preuve beaucoup moins d'importance que nous n'en apportons aujourd'hui. Néanmoins les jurisconsultes

1. Maynz, II.

ont sur ce point, comme sur bien d'autres, frayé la voie à nos législateurs modernes, et nous trouvons dans leurs écrits les principes mêmes de la matière. C'est ainsi que les deux axiômes célèbres qui sont les principes mêmes de la preuve en droit français : *actori incumbit probatio* et *reus in excipiendo fit actor*, sont la traduction d'une phrase du jurisconsulte Marcien : *Semper necessitas probandi incumbit ei qui agit.* Cette règle n'est d'ailleurs que la sanction d'un principe de droit naturel : que le lien de droit n'est que l'exception qu'il ne se présume pas et que par conséquent il doit être prouvé. Mais du moment que l'existence de ce lien est prouvée, on doit rester dans le statu quo, et c'est à celu' qui prétend en être sorti de prouver sa libération *ut creditor, qui pecuniam petit numeratam, implere cogitur ; ita rursum debitor, qui solutam affirmat, ejus rei probationem præstare debet.* (C. L. 1. IV t. XIX).

Supposons un débiteur d'un corps certain qui se voit dans l'impossibilité de le livrer ; d'après les principes que nous venons d'exposer il devra prouver sa libération ou, autrement dit, démontrer que l'objet de l'obligation a péri sans sa faute, cette allégation constitue en effet une exception à l'action intentée par le créancier en livraison de la chose.

1. Maynz, II.

Mais nous savons que la faute présente un triple dégré de prestation.

1° Le vendeur qui est obligé d'agir comme le bon père de famille, s'il se prétend libéré devra établir l'existence du cas fortuit qui le libère.

2° Le coassocié ou le communiste qui n'est tenu d'apporter à la garde de la chose commune que les soins qu'il a coutume de donner à ses propres affaires, devra pour prouver sa libération établir l'existence du cas fortuit, ou tout au moins prouver qu'il a coutume de commettre dans l'administration de ses biens la faute qu'on lui reproche d'avoir commis. C'est une cause de libération c'est donc à lui qu'il appartient de le prouver.

3° Le dépositaire au contraire, qui n'est tenu que d'agir avec bonne foi, n'a rien à prouver pour sa libération, c'est au contraire au déposant qu'il appartient de démontrer que son débiteur est sorti de la bonne foi, et s'est rendu coupable d'un dol. Ceci ressort avec la dernière netteté du rapprochement entre les deux lois 18 § 1 (XXII t. III) qui est ainsi conçue : « *Qui dolo dicit factum aliquid, licet in exceptione, docere dolum admissum debet.* » et la loi 32 (XVI, t. III) que nous avons déjà citée et qui indique que les jurisconsultes assimilaient la lourde faute au dol.

Quel est le motif de cette différence entre ce cas et des deux autres ?

On dit en général que le dol ne doit pas se présumer, et que telle est la raison de cette décision spéciale. Le dol ne doit assurément pas se présumer mais la faute ne doit pas davantage être admise sur une simple présomption. Cette raison est donc mauvaise, car si elle était exacte pour le dol elle devrait également être admise pour la faute.

L'obligation de payer des dommages et intérêts est une obligation subsidiaire, qui ne peut trouver son application qu'autant que l'obligation principale, celle d'exécuter la prestation, objet du contrat ne peut plus être exécutée. Dès lors une fois que le créancier à démontré son droit à obtenir la prestation promise et que d'autre part le débiteur s'est déclaré incapabl de répondre à cette exigence les dommages et intérêts sont dûs, à moins que le débiteur ne prouve sa libération, et cela parce que ne pouvant plus exécuter sa prestation en nature le débiteur doit l'accomplir par équivalent, et remarquons qu'ici il n'y a aucune présomption de faute, c'est le fait seul de l'inexécution qui entraîne l'obligation de payer des dommag s et intérêts, et non pas l'existence d'une faute, car, ainsi que l'a dit Ihering, l'idée de faute réelle, essentielle dans le délit, n'est qu'accidentelle dans le contrat.

Toute autre est la situation du débiteur qui n'est tenu que de sa faute lourde, car pour donner naissance à l'obligation de payer des dommages et intérêts, il ne suffit pas que la prestation soit inéxécutée il faut encore que cette inexécution soit dûe à la faute lourde du débiteur. Or il appartient au créancier d'établir son droit, et comme ce droit suppose comme élément principal l'existence d'un dol imputable au débiteur, le créancier doit en établir l'existence.

—

FAUTE CONTRACTUELLE ET FAUTE DÉLICTUELLE

CHAPITRE I

FAUTE ET RESPONSABILITÉ. — FAUTE CONTRACTUELLE
ET FAUTE DÉLICTUELLE. — ELÉMENTS ESSENTIELS DE
CES DEUX SORTES DE FAUTES. — DISTINCTION.

Qu'entend-on pas le mot faute ?

Dans son sens le plus large, le mot faute indique
tout manquement à un devoir ; cela semble bien résulter de son étymologie *fallen*, du radical *fall* qui
signifie un manquement à quelque chose, une
chute.

Ce manquement peut être volontaire ou involontaire.

Involontaire, l'auteur n'en a pas eu conscience au
moment où il le commettait, c'est alors le résultat
d'une étourderie, d'une négligence.

Volontaire au contraire l'auteur l'a voulu au moment même où il l'a accompli, et en agissant il a saisi qu'il ne se conformait pas au devoir.

De ce manquement un dommage a pu résulter pour autrui ; par exemple Primus s'étant amusé à tirer à la cible trop près d'une route fréquentée par le public a blessé quelqu'un.

Nous trouvons dans cette hypothèse les deux éléments que nous avons indiqués: manquement au devoir général de prudence et dommage résultat de ce manquement.

Primus savait fort bien qu'il était imprudent de tirer à la cible trop près de la voie publique, mais il était bien loin d'avoir l'intention de blesser quelqu'un, le dommage conséquence de sa négligence n'est pas intentionnel, il n'a pas été le but que Primus s'est proposé d'atteindre en agissant.

Supposons au contraire que, s'étant placé sur le bord de la route, il ait attendu quelqu'un à passer, et qu'au moment où une personne s'est présentée devant lui, il l'ait visée et blessée, nous dirons alors que le dommage a été causé intentionnellement, il a été en effet le but à atteindre et la raison d'agir. Dans cette seconde hypothèse on dira que Primus a agi par dol, de mauvaise foi, frauduleusement.

Il est très important de bien faire cette distinction, car le dol entraînant avec lui une idée de répression, même en matière de réparation civile, cette réparation sera, dans certaines hypothèses, plus large lorsque le dommage sera la conséquence d'un dol.

D'autre part le droit pénal punit très souvent la faute intentionnelle ; ce n'est qu'exceptionnellement qu'une faute non intentionnelle donne lieu à une répression.

I. *Faute non intentionnelle.* — Dans cette catégorie devront être rangées tout d'abord les fautes involontaires ; il est bien certain en effet que n'ayant pas voulu l'acte coupable à plus forte raison l'auteur n'en a pas voulu les conséquences.

Nous devons aussi comprendre sous ce même titre, comme je le disais plus haut, les fautes volontaires dont les auteurs n'ont pas eu en vue le dommage causé.

Cette première espèce de fautes est de beaucoup la plus fréquente, on peut même dire qu'elle constitue la faute proprement dite, c'est surtout d'elle qu'il sera question dans ce travail.

II. *Faute intentionnelle.* — Nous le savons, cette faute est celle dont l'auteur s'est précisément proposé de produire le dommage causé.

A un autre point de vue nous pouvons encore diviser les fautes en : fautes d'action et fautes d'abstention.

Les mots parlent d'eux mêmes et aucune définition ne nous paraît nécessaire.

Aux regards de la morale et de la philosophie il y a peu de différence à établir entre la faute d'action et celle d'abstention, mais nous verrons par la suite, qu'il est de la plus grande importance, au point de vue de la loi de maintenir cette distinction.

Philosophiquement parlant l'homme étant un être intelligent et libre est en principe obligé de réparer le dommage qui a pu résulter pour autrui de ses actions lorsque ce dommage n'est pas la conséquence de l'exercice d'un droit. Cette obligation de réparer est appelée en général responsabilité.

Ce que nous venons de dire prouve que la responsabilité comprend deux éléments : d'abord la liberté tant physique que morale et ensuite l'imputabilité.

Au point de vue de la théorie philosophique du droit, pour qu'une personne juridique puisse être rendue responsable de ses actions et par conséquent tenue de réparer le dommage qu'elle a causé, il est nécessaire qu'une faute lui soit imputable (1). Nous verrons, dans la seconde partie de ce travail, qu'absolument vraie spéculativement parlant, cette idée n'a pas toujours été appliquée rigoureusement par

---

1. Nous nous plaçons bien entendu ici et nous nous placerons en général, par la suite, dans l'hypothèse où aucune convention spéciale n'existe relativement à la faute.

le législateur. L'idée de faute est nécessairement la base de toute réparation, mais nous verrons, lorsque nous traiterons de la preuve qu'il ne sera pas toujours nécessaire que cette faute soit démontrée, mais qu'il suffira souvent qu'un certain doute, puisse subsister pour établir la responsabilité et pour servir de base à une dette de dommages et intérêts ; il n'en reste pas moins vrai que c'est toujours une faute prouvée ou présumée qui deviendra la cause de la réparation.

Il existe donc un rapport intime entre l'idée de faute et celle de responsabilité. Et en déterminant les éléments constitutifs de la faute nous indiquons par cela même les cas de responsabilité.

Or tout homme peut faire ce que la loi ne défend pas, il résulte de là que la faute, au sens juridique de ce mot, ne pouvant être que le manquement à un devoir imposé par la loi, la responsabilité se trouvera réservée dans les mêmes limites.

On peut donc dire que la responsabilité est la né-cessité juridique de réparer les conséquences dom-mageables de l'inexécution de ses obligations.

Ces obligations peuvent découler de deux sources principales : la loi et la convention (1).

1. Cette distinction demande à être expliquée, il est bien certain que toute obigation est créée par la loi, mais elle peut l'être directement ou indirectement.

Nous allons rechercher quels sont les éléments constitutifs de la responsabilité :

I. Dans les obligations légales.

II. Dans les obligations conventionnelles.

I

Pour que les hommes puissent vivre en société, il est nécessaire qu'ils se fassent des concessions réciproques, qu'ils n'agissent pas toujours suivant leur bon plaisir, mais que l'exercice du droit de chacun soit limité par celui du droit des autres.

L'article 1382, n'est que l'application de cette vérité : « Tout fait quelconque de l'homme, qui cause à autrui un dommage, oblige celui par la faute duquel il est arrivé à la réparer ».

« Il s'agit ici, dit M. Demolombe, du devoir so-
« cial, qui nous est imposé à tous également de
« respecter le droit des autres.

« Devoir général, indépendant de toute obliga-
« tion particulière préexistante. » (1)

Le manquement à ce devoir général est appelé délit ou quasi-délit suivant qu'il est intentionnel ou non.

De cette faute elle-même le législateur fait sortir un lien de droit, une obligation de réparer le dom-

1. Demolombe, t. 31, p. 389.

mage causé, on appelle en général cette obligation : obligation légale.

Pour que la faute donne naissance à une telle obligation elle doit réunir les conditions suivantes :

1° *Elle doit avoir été la cause d'un dommage.*

Dans son sens le plus général le mot dommage indique tout préjudice de quelque ordre qu'il soit, causé par quelqu'un ou par quelque chose à une personne, ou à une chose.

Ce n'est pas dans un sens aussi général que doit être entendu ici le dommage ; car la faute ayant pour résultat la réparation du préjudice causé au patrimoine, réparation faite en argent, il faut nécessairement que le *quantum* du dommage soit appréciable pécuniairement.

Du reste cette règle doit être interprétée dans un sens très large, et « peu importe que le droit violé porte sur un objet extérieur, ou qu'il se confonde avec l'existence de la personne à laquelle il appartient : ainsi l'honneur d'une personne peut être la matière d'un délit » parce que l'honneur fait pour ainsi dire partie du patrimoine. Par contre atteindre une personne dans ses affections, cette atteinte eût-elle les conséquences les plus désastreuses, ne pourra jamais constituer un dommage au sens juridique du mot (1).

1. *Contrà*, Cassation, Belgique, 17 mars 1881 ; Sirey, 1882, IV, 9.

2° Tout dommage ne crée pas un droit à une réparation. Pour arriver à ce résultat il faut que le fait générateur du dommage soit illicite.

L'homme peut devenir la cause d'un préjudice pour son semblable dans deux situations juridiques bien différentes.

a) En usant de bonne foi de son droit reconnu par la loi, ex. : j'enlève une grande valeur à la maison de Primus, parce que, en élevant un mur sur un terrain qui m'appartient, je lui cache la vue de la voie publique. Voici un dommage dont il ne pourra pas m'être demandé réparation, parce que je suis resté dans les limites de mon droit.

B : En dehors de l'exercice de son droit. — Exemple je monte dans les rues d'une ville populeuse un cheval trop difficile pour moi, et il en résulte un accident ; je suis responsable parce que jai excédé mon droit qui est limité par celui qu'ont les autres hommes à ce que leur sécurité ne soit pas troublée par mon fait.

En principe tout ce qui n'est pas défendu par la loi est permis. — De cette règle il ressort que l'équité intervient peu en matière de délits et de quasi-délits ; de deux choses l'une en effet, ou bien il existe un texte, et en y contrevenant je me rends coupable d'une faute, ou bien aucune loi ne m'oblige à

agir où à m'abstenir et dès lors pas de faute possible.

C'est à ce point de vue que la distinction entre
la commission et l'omission présente une grande importance.

Le législateur, dans l'article 1382, a prohibé toutes les actions contraires au droit, et dont pouvait
naître un préjudice pour autrui ; mais aucun article
du Code civil n'impose à l'homme le devoir général
de rendre service à son semblable, certains textes,
il est vrai, ont pour but de le faire sortir de son
inaction dans l'intérêt général ; mais ils visent des
cas spéciaux et n'ont aucune portée générale.

Donc l'absention, en dehors de ces cas spéciaux,
bien que causant un préjudice, est licite, car elle
constitue l'exercice d'un droit.

Monsieur Demolombe donne de cela un exemple
frappant. « Pierre, qui était préposé à la garde d'un
« fourneau, s'endort, et laisse communiquer le feu
« aux maisons voisines.

« Voilà une faute d'omission, qui constitue en
« quasi-délit, et qui le rend responsable du dom-
« mage causé, car il était légalement tenu de veil-
« ler. (Comp. loi 27, p. 9 *ad legem Aquiliam.*)

« Mais Pierre, un étranger, passe à côté de la
« maison, dans laquelle le feu commence à se mani-

« fester, et il poursuit son chemin, sans se préoccu-
« per des moyens de l'éteindre.

« C'est l'action d'un mauvais citoyen, s'écrie
« Proud'hon.

« Assurément, et d'un citoyen de la plus grande
« dureté d'âme.

« Mais ce n'est ni un délit, ni un quasi-délit, car
« il n'était pas tenu légalement d'intervenir (1) ».

Dans son *Droit civil français*, Toulier a contesté
cette solution ; pour lui la responsabilité existe et
la réparation est dûe par cela seul que pouvant empêcher un dommage de se produire on s'est] abs-
tenu.

« La disposition de notre art. 1382, dit cet
« auteur, comprend sous le mot fait, la faute,
« que commet celui qui, pouvant empêcher une ac-
« tion nuisible, ne l'a pas empêchée. Il est censé
« l'avoir faite lui-même. C'est, en effet, une sorte
« de complicité que de ne pas empêcher une action
« nuisible, quand on en a le pouvoir : on doit
« donc en répondre civilement (2) ».

Il est vrai que l'article 1383, qui est assurément
le commentaire de l'article 1382, semble donner raison à cette manière de voir.

Art. 1383 « chacun est responsable du dommage

1. Demolombe. t. 21, p. 416.
2. Toullier, *Droit civil français,* p. 157.

« qu'il a causé non seulement par son fait, mais en-
« core par sa négligence, ou par son imprudence ».

La négligence dont parle l'article 1383 comme
productive d'obligation n'existe pas.

« En effet, dit M. Planiol, de deux choses l'une :
« ou bien j'étais tenu par la loi ou par un contrat,
« d'accomplir l'acte que j'ai omis ; alors je n'ai pas
« fait ce que je devais faire, et je reste tenu *ex cau-*
« *sa antiqua,* s'il n'y a pas force majeure ; je ne dois
« plus l'acte en question, mais des dommages et in-
« térêts ; l'objet de mon obligation a changé et non
« sa cause. — Ou bien je n'étais pas tenu d'agir, et
« la simple inaction n'a pu me créer une responsa-
« bilité quelconque puisque j'avais le droit de m'abs-
« tenir. *Ni dans un cas, ni dans l'autre mon abstention*
« *n'a créé à ma charge une obligation nouvelle.* » (1)

3° *Que le dommage soit imputable à l'auteur du fait*
illicite.

Ceci suppose deux conditions :

a) Liberté de l'agent.

b) Rapport de cause à effet entre l'acte illicite et
le dommage.

a) Nous l'avons dit la responsabilité est un coro-
lain de la liberté, sans liberté pas de responsabilité,
et partant pas de faute possible.

1. Planiol, *Revue critique.* 1883, p. 283.

Or les atteintes à cette liberté peuvent venir de faits extérieurs, ou de la situation même de l'agent.

α) *Situation spéciale dans laquelle se trouve l'agent.* — Il existe certaines classes de personnes qui soit à cause de leur âge, soit à cause de l'état de leur esprit ne sont pas capables de discerner le bien du mal.

Ces personnes sont le fou et le mineur.

Le fou est l'homme dont l'esprit dérangé est incapable de comprendre ce que les autres hommes comprennent.

La folie présente de nombreuse variétés ; on peut dire que la personne qui a agi sous l'influence de la folie ne doit pas être rendue responsable de ses actes.

Il existe une période de la vie où l'homme ne vit pour ainsi dire que d'instinct et est absolument incapable de se rendre compte de la valeur morale de ses actions ; je veux parler de cette époque de l'existence à laquelle les jurisconsultes romains avaient donné le nom *d'infantia*. Il est bien certain qu'un tel être ne peut à aucun titre être déclaré responsable (1) ; même lorsqu'il est sorti de cet état d'inconscience, l'enfant voit encore pendant longtemps ses facultés enveloppées de ténèbres, et il lui sera

1. Les jurisconsultes romains assimilent l'enfant au *furiosus*.

souvent impossible de se rendre compte si en agissant de telle sorte ou de telle autre il manque au devoir. Mais nous développerons ce point de vue dans la seconde partie de ce travail, c'est une question de fait que le juge doit résoudre, et la faute et partant la responsabilité dont elle est le principe devront être graduées d'après l'état d'esprit de l'agent.

β) *Influences extérieures.* — Quoique parfaitement capable de discerner si son action est conforme ou contraire au devoir l'agent peut cependant être forcé d'agir, soit par la violence, soit par la crainte, ou par le dol.

Il n'est nullement douteux que la violence physique ne détruise très souvent la liberté, si par exemple une force supérieure s'imposant à lui, l'agent sous l'influence de cette force, commet un délit, il n'en sera pas responsable, car il ne jouissait pas de la liberté.

La crainte elle aussi pourra être une cause de suppression ou d'atténuation de la liberté. Je crois que, pour en bien apprécier l'importance, il faudra tenir compte de ces deux considérations :

1° La force d'âme dont devra être douée la personne que l'on tente d'effrayer ; cette force d'âme devra être déterminée en tenant compte de l'âge, du sexe, de la condition sociale, etc.

2° Une certaine relation quant à leur importance

devra exister entre l'action demandée et le péril annoncé.

En tenant compte de cette double considération, on devra admettre, sinon comme destructive du moins comme diminutive de la responsabilité, la crainte d'un péril vrai ou imaginaire, lorqu'elle est de nature à influencer une personne jouissant d'une force d'âme ordinaire et qui se trouverait dans la même situation que la victime.

Quant au dol je ne vois pas bien comment il pourrait constituer une atténuation de la responsabilité en matière de délits, il consistera en effet presque toujours à indiquer comme permis ce qui ne l'est pas. Mais comme personne n'est autorisé à ignorer la loi, il n'en suit que le dol ne peut pas juridiquement exister dans cette hypothèse (1).

b). *Rapport de cause à effet entre l'acte illicite et le dommage causé.*

Un dommage peut avoir trois causes différentes :

Faute de l'auteur de l'acte illicite. Faute de la victime du dommage ou cas fortuit.

Il est certain que dans les deux derniers cas la victime seule doit supporter les conséquences du dommage.

S'il est la suite de sa faute, rien de plus naturel ; s'il a été causé par cas fortuit, il n'est pas difficile

---

1. Il en est différemment dans les contrats, où le dol consistera à présenter comme utile un fait dangereux.

non plus de justifier cette règle. Pourquoi faire peser en effet sur une tête étrangère les conséquences du dommage dont le hasard seul est l'auteur? je ne vois aucune bonne raison de le faire.

Mais, ainsi que je l'indiquais plus haut, au commencement de ce travail, s'il est nécessaire que le dommage soit la suite même de la faute, il est inutile que l'auteur de la faute ait eu en vue le dommage.

Telles sont passées très-brièvement en revue les conditions essentielles à l'existence de la responsabilité délictuelle.

Les hommes vivent en société non seulement parce que leur instinct les y pousse, mais encore parce que sans cesse ils ont besoin de se rendre des services mutuellement. Ils ne pouvaient donc pas rester confinés entre eux sur le terrain général des devoirs que tout homme a envers ses semblables ; pour la nécessité même de leur vie ils durent promptement se réunir entre eux par des liens plus serrés, dont leurs volontés réciproques étaient les créateurs.

Ces liens furent appelés conventions.

Pour que de tels accords pussent rendre aux hommes les services qu'ils en attendaient, il était nécessaire qu'un lien de droit en fût la conséquence, établissant au profit du créancier un droit juridique sanctionné par la loi à l'exécution de la chose promise, et d'autre part, à la charge du débiteur une obligation d'agir conformément à ce qu'il a promis.

Ces conventions créatrices d'obligations s'appellent des contrats.

Supposons maintenant que l'obligation reste inexécutée ou qu'elle ne soit exécutée que partiellement, ou qu'elle le soit en dehors du temps fixé. Quelles conditions devra réunir cette inexécution pour devenir un principe de responsabilité et pour que le créancier ait droit à une indemnité ?

1° Il faut que de cette inexécution il résulte un dommage. — Les raisons sont ici les mêmes que celles que nous avons données plus haut, à propos des délits et peuvent se résumer dans cette phrase : sans intérêt pas d'action.

Nous verrons cependant dans la seconde partie de ce travail que le dommage n'est pas apprécié de même dans les deux cas.

Du reste on entend ici, aussi bien que dans les délits et quasi délits, par dommage tant le *lucrum cessans* que le *damnum emergens.*

2° Cette in exécution peut avoir plusieurs causes :
Faute du débiteur.

Faute du créancier.

Cas fortuit.

Pour que cette inexécution devienne la base d'une condamnation à des dommages et intérêts il n'est pas toujours nécessaire qu'elle soit dûe à une faute du débiteur, il suffit qu'il ne soit pas démontré qu'elle ne lui est pas imputable.

Nous ne nous arrêterons pas plus longuement à exposer ces principes sur lesquels nous reviendrons longuement dans notre seconde partie. Qu'il nous suffise, quant à présent, de faire remarquer que de ce que nous venons de dire ressort l'existence d'une grande différence entre la faute délictuelle et la faute contractuelle.

La première en effet est le principe même de l'obligation, prenant naissance entre personnes étrangères l'une à l'autre, et que nul lien antérieur ne réunissait ; la faute contractuelle, au contraire, n'est que l'inexécution imputable au débiteur d'une obligation créée antérieurement par la volonté libre de parties. Nous considérons cette différence comme la source de presque toutes les distinctions que nous établirons par la suite entre l'obligation contractuelle et l'obligation légale.

Et maintenant entrons dans le plein du sujet, et demandons-nous comment distinguer les hypothèses où la faute est contractuelle de celles où elle est extracontractuelle.

Et tout d'abord existe-t-il réellement une faute contractuelle et une faute délictuelle : cette distinction théorique répond-elle à une réalité ?

Non ! disait M. Ronjat (1) : « toute faute est nécessairement délictuelle, et la formule : responsabilité contractuelle est une forme erronée de langage ».

Toute faute est le manquement à une obligation
c'est-à-dire à une prescription de la loi, loi générale
ou loi particulière :

« Le contrat est la loi des parties, il n'est pas plus
permis aux parties d'enfreindre la loi particulière
qu'elles ont volontairement acceptée, que de ne
pas observer la loi générale édictée par le législateur ».

Et cependant, ajoutait le savant auteur, la cause
unique de toutes les dissemblances qu'on nous signale
entre l'obligation conventionnelle et l'obligation
légale ont trait à leurs modes différents de création,
et se rapportent à ce fait que dans un cas notre volonté
a été le principe même du lien de droit, tandis que
dans l'autre nous sommes tenus sans que notre volonté ait créé l'obligation, directement, par l'ordre
du législateur.

Mais ce sont là des différences d'origine, qui, selon M. Ronjat, ne doivent entraîner aucune conséquence quant au fond. Et, en effet, de ce que telle
obligation est née d'une façon ou d'une autre, s'en

1. *Revue critique*, 1886, p. 485, sous le pseudonyme de M.
Lefèvre, ancien magistrat.

suit-il à priori que nous soyons obligés autrement ?

Sommes-nous tenus plus rigoureusement en vertu
de la loi qu'en vertu du contrat ? L'obligation contractuelle vaut-elle plus ou moins que l'obligation
légale ?

Nullement !

Enfin la théorie entière de M. Ronjat peut se résumer en cette phrase : « la faute démontrée seule
peut engendrer la responsabilité ».

Tout ce système nous semble reposer sur une confusion. Car s'il est vrai de dire que toute faute est
un fait illicite, puisque là où la loi est violée seulement la faute peut exister, il faut bien s'entendre
sur la portée de ce principe.

On peut, en effet, violer la loi directement, en contrevenant au devoir qu'elle a imposé à tout homme
de ne léser personne, devoir qui a comme corré-
latif un droit général dont tout le monde peut se
prévaloir tandis que dans d'autres hypothèses, la
loi, quoique violée, ne le sera qu'indirectement et en
cela seulement que l'obligation qu'elle a fait dériver de la convention restera inexécutée, obligation
qui se rapporte à un devoir relatif, ayant comme corollaire un droit tout aussi relatif, obligation et droit
qui ne peuvent prendre naissance au profit et à la

charge que de certaines personnes déterminées d'a-
vance et désignées par leurs volontés réciproques.

D'ailleurs quelque intime que soit le rapport existant entre la faute et la responsabilité, il ne l'est
certainement pas plus que celui qui existe entre
la faute et le devoir qui a été méconnu.

Je crois du reste que cette opinion est isolée et
les meilleurs auteurs affirment avec la plus grande
netteté l'existence de notre distinction. M. Lyon-
Caen, par exemple, s'exprime en ces termes :

« Une personne peut être tenue de réparer le
« préjudice qu'elle a causé à une autre, dans deux
« classes d'hypothèses distinctes : *a)* quand une per-
« sonne a contracté envers une autre une obligation
« et que cette obligation n'étant pas exécutée, un
« préjudice en résulte pour les créanciers ; *b)* quand
« une personne cause par sa faute un dommage à
« une autre personne envers laquelle elle n'était
« tenue précédemment d'aucune obligation. Dans le
« premier cas, il y a ce qu'on appelle une faute
« contractuelle, dans le second il y a une faute
« délictuelle (ou quasi délictuelle) ».

« Le principe général qui sert de base à l'obliga-
« tion de payer des dommages et intérêts se trouve,
« pour les fautes contractuelles, dans l'art. 1147,

« pour la faute délictuelle dans les art. 1382 et sui-
« vants C. civ. (1). »

Monsieur Larombière n'est pas moins précis :

« La faute dont parle l'art. 1382, dit le savant jurisconsulte, n'a aucun rapport avec la faute contractuelle dont nous nous sommes occupés ailleurs ».

S'il est relativement facile d'établir l'existence
même de la distinction, il l'est beaucoup moins de
déterminer exactement les cas dans lesquels la faute
est de nature contractuelle et ceux dans lesquels
elle est de nature délictuelle.

Cette discussion passionne très fortement l'école
et on a voulu en tirer certaines conclusions soit dans
un sens soit dans l'autre, conclusions que nous étudierons dans la seconde partie de ce travail ; nous
y verrons si cette controverse présente un véritable intérêt pratique ou si elle n'est pas plutôt presque toujours une simple question d'école sans utilité pratique.

M. Deschamps et avec lui M. Thaller admettent bien que la faute contractuelle existe et que
toute faute n'est pas nécessairement délictuelle
mais pour ces auteurs seule la faute négative constitue « la faute vraiment et purement contractuelle »
et c'est dans les termes suivants que M. Deschamps

1. Lyon-Caen, *Revue critique*, 1886, p. 350.

dans sa thèse très remarquée : « du dol et de la faute des incapables », prétend démontrer cette allégation : « Si vous vous placez en présence d'un
« dol ou d'une faute commis à l'occasion d'un contrat
« direz-vous que l'obligation de réparer le dommage
« ainsi causé résulte de la convention ? Supposez
« que le débiteur ait détruit par dol ou par faute
« l'objet de la dette. Son obligation aux dommages
« et intérêts est elle une obligation convention-
« nelle. Non! il nous semble, car l'obligation
« conventionnelle est éteinte par la perte de l'objet
« et justement si le débiteur est tenu de dommages
« et intérêts, c'est parce que l'obligation contrac-
« tuelle est éteinte par sa faute ou son dol. Que
« reste-t-il donc comme principe d'obligation, sinon
« uniquement ce dol en cette faute (1) » ?

Ce raisonnement nous paraît peu concluant et nous croyons facile de mettre sur ce point M. Deschamps en contradiction avec lui-même ; il nous paraît en effet difficile d'allier l'une avec l'autre ces deux propositions : d'une part l'obligation contractuelle est éteinte en tous cas par la perte de la chose dûe, et d'autre part la faute négative est une faute contractuelle quand elle est commise dans l'exécution d'un contrat, supposons, en effet, qu'au

1. Deschamps, thèse 1889, t. XXII. p. 226, texte et note.

lieu d'avoir détruit l'objet par sa faute active, le débiteur l'ait seulement laissé périr par défaut de soins
ou de surveillance, par négligence ; d'après l'opinion que nous combattons l'obligation est éteinte,
puisque la chose a péri, et nous arrivons à cette conclusion bizarre que comme il s'agit d'une faute négative, et comme une telle faute ne peut donner lieu
à l'application de l'article 1382, le débiteur n'est
point tenu de réparer le dommage causé.

D'ailleurs ce système est absolument condamné
par les termes qui sont employés par le législateur
dans le premier alinéa de l'art 1302 : « Lorsque le
corps certain et déterminé qui était l'objet de l'o-
bligation, vient à périr, est mis hors du commerce,
ou se perd de manière qu'on en ignore absolument
l'existence, l'obligation est éteinte si la chose a péri ou
a été perdue, sans la faute du débiteur, et avant
qu'il fût en demeure. »

On voit que le législateur, n'a pas distingué entre
la faute active et la faute passive, d'ailleurs la raison même s'y opposait, car si le débiteur est tenu de
faire tous ses efforts, pour que la chose due ne su-
bisse aucune détérioration entre ses mains, à plus
forte raison la convention l'oblige-t-elle à s'abstenir
de tout acte qui puisse nuire à la chose qui fait
l'objet du contrat.

A notre avis les partisans de cette opinion com-

mettent une erreur en disant que l'obligation
est éteinte par la perte de la chose due ; elle peut
l'être, elle le sera souvent mais non pas toujours,
et notamment, elle ne le sera pas dans le cas où la
perte sera la conséquence de la faute du débiteur.
Dans ce dernier cas l'obligation, le lien de droit sur-
vit à la disparition de la chose, mais elle a changé
d'objet, et au lieu d'être tenu de livrer la chose, le
débiteur est obligé de réparer le préjudice causé au
créancier par l'inexécution de l'obligation, et cette
réparation doit être effectuée d'après les règles
propres à l'inexécution contractuelle, règles qui ne
sont que l'expression de la volonté présumée des
parties.

Du reste quoi qu'en dise M. Deschamps, la théorie
que je viens d'exposer est bien celle du droit romain ; et en effet, lorsque nous nous trouvons en
présence des actions de bonne foi, les seules qui
puissent nous servir d'argument dans notre législation moderne, dans le cas même où l'obligation
a été inexécutée par dol le débiteur est poursuivi en
réparation du préjudice par l'action même du contrat et non par l'action de dol. Ulpien nous le dit
expressément pour la vente : *in ex empto quidem actione cessat de dolo malo, quoniam est ex empto... in ex
stipulatu de dolo actio necessaria est.* Le jurisconsulte
nous indique ainsi clairement que les Romains con-

sidéraient que la qualité d'action de bonne foi, entraînait comme conséquence la réparation par l'action même du contrat de toute faute commise dans l'exécution de la convention. Or aujourd'hui toutes les actions étant de bonne foi, il s'en suit que la même solution doit être admise.

Il est bien vrai que les jurisconsultes romains admettaient, que lorsqu'une faute commise dans l'exécution d'une convention réunissait tous les caractères de la faute aquilienne, on ne refusait pas cette action au créancier par ce seul fait que l'on se trouvait en matière de convention. Mais ceci peut être expliqué de diverses façons, d'abord nous dit M. Labbé : « loi Aquilia est très probablement antérieure à l'introduction des contrats non solemnels, munis d'actions de bonne foi, dans lesquels l'office du juge sert et suffit à la réparation des fautes. L'action aquilienne était anciennement employée pour réparer les conséquences de toute faute ayant les caractères exigés par cette loi, que cette faute se référât ou non à l'exécution d'un contrat. » Il était en effet souvent nécessaire qu'il en fût ainsi lorsque tous les contrats étaient de droit strict, sans cela les fautes seraient souvent restées sans réparation, l'action de dol eut la même raison d'être, elle servit à réparer dès fautes qui n'auraient pas pu être réparés sans elle et par la seule action du contrat de droit strict ; mais lorsque les actions de bonne foi ont fait leur apparition, cette nécessité disparaît, cependant l'action de la loi Aquilia continue à être employée en même temps que celle du contrat et concurremment avec elle, et cela parce que la loi Aquilia accordait au créancier non seulement la réparation du préjudice éprouvé, mais encore une valeur supérieure à titre de *pœna*, et c'est à cause de cette rigueur qui lui était spéciale, qu'elle a continué à être accordée pour la réparation de fautes commises dans l'exécution du contrat. Ce qui prouve surabondamment ce fait c'est que Ulpien et Paul décident que lorsque le créancier aura agi tout d'abord par l'action du contrat, l'action de la loi Aquilia pourra lui être accordée, pour lui faire obtenir le surplus de condamnation auquel il aurait eu droit s'il eût commencé par elle.

De plus il y avait des cas, ceci nous paraît certain quoiqu'il y ait controverse sur ce point, où bien que le fait dommageable réunit toutes les conditions exigées pour l'application de la loi Aquilia, l'action était cependant refusée au créancier et par ce seul fait que l'on se trouvait en matière contractuelle, par exemple, à propos d'un objet qui m'a été confié à titre de dépôt, je me suis rendu coupable d'une négligence qui constitue une faute, qui cependant, d'après les règles du contrat de dépôt ne devrait pas m'être imputable parce que j'ai coutume d'en agir de même pour mes propres affaires ; cependant la faute qui m'est imputable pourrait donner par les éléments qui la composent et par sa gravité (*in lege Aquilia et levissima culpa venit*) lieu à l'application de l'action aquilienne, néanmoins cette action sera refusée au créancier parce que, nous dit M. Maynz, l'action *legis Aquiliæ*, suppose nécessairement un dommage causé *injuria*, et le contractant qui se renferme dans les limites de son contrat ne peut se rendre coupable d'*injuria*.

Les romains admettaient donc parfaitement que la mesure de diligence était toujours déterminée par le contrat, c'est que M. Labbé exprime dans une phrase d'une concision admirable : « Entre personnes unies « par un contrat, la responsabilité des fautes, le « dol et la faute grave exceptés, est limitée à la me- « sure résultant du contrat, soit en vertu du con- « trat, soit en vertu de sa nature, soit en vertu d'une « clause accidentelle. L'action de la loi Aquilia su- « bit cette limite, elle ne conserve son indépen- « dance et la liberté de son allure propre que dans « les rapports avec les tiers entre personnes qui ne « sont pas liées par un contrat. »

On peut donc le dire, dans l'esprit des jurisconsultes romains, toutes les fois qu'il existe une convention, les fautes sont régies par les règles propres

aux conventions, sauf en ce qui concerne le mon
tant des dommages et intérêts, pour le calcul
desquels le débiteur pourra être soumis à la loi
Aquilia.

Il est aussi impossible de tirer argument en faveur de la thèse de M. Deschamps, de cette considération que certaines actions de bonne foi avaient un
caractère infamant lorsqu'elles étaient intentées pour
obtenir la réparation d'un dol, commis à l'occasion
du contrat (actions *pro socio*, directe de fiducie de tutelle, de mandat, de dépôt), car pour avoir une signification, il faudrait que cette mesure fût générale,
et il n'en est rien.

Donc il est faux de dire que toute faute active est
une faute délictuelle. Mais nous pensons qu'il faut aller plus loin et dire : Toute faute qui est la conséquence de la position spéciale dans laquelle la convention
a placé les parties est une faute contractuelle.

Cette proposition a été vivement contestée, et elle l'a
été notamment par M. Fromageot dans un travail très
bien fait, couronné récemment par la faculté de droit
de Paris ; l'auteur s'exprime en ces termes : « On a
« vu dans la partie générale de ce livre qu'il fallait
« bien se garder de confondre le manquement aux
« obligations légales avec le manquement aux obli-
« gations conventionnelles, le quasi-délit et la non
« exécution d'un contrat. Cela n'empêche pas que

« le contrat lui-même ne puisse, de même que l'exer-
« cice d'un droit, servir d'occasion à un quasi-délit
« une personne, tout en exécutant ce qu'elle a pro-
« mis par la convention, peut commettre un man-
« quement, non pas à l'obligation contractuelle
« qu'elle s'est créée, mais à l'obligation légale géné-
« rale de ne léser personne. Il en sera ainsi, par
« exemple si je conviens avec un armurier qu'il me
« nettoiera une arme à feu, et si par mégarde,
« l'ayant laissée chargée, lorsque je la lui livre, le
« coup part et le blesse.

« C'est ce qui a lieu notamment dans le contrat
« de louage et particulièrement dans le louage de
« services. Ces sortes de fautes doivent d'ailleurs
« être examinées avec d'autant plus de soin, qu'on
« peut parfois douter de leur véritable caractère,
« et se demander si l'on est bien en présence de
« quasi-délits, et non de fautes contractuelles, si la
« personne qui les a commises a manqué à l'obli-
« gation légale ou à une obligation issue du con-
« trat. »

M. Fromageot lui-même nous indique que, dans
cette matière, il peut y avoir lieu de douter. Non
seulement, nous semble-t-il, on peut douter, mais
on peut démontrer d'une façon absolue le bien fondé
du système opposé à celui que soutient ce savant
jurisconsulte. Cette opinion s'est fait jour récem-

ment dans la doctrine, elle est dûe à l'initiative de deux auteurs. MM. Sainctelette et Sauzet, qui sans la présenter d'une manière aussi générale que nous prétendons le faire dans ce travail, l'ont appliquée aux deux grandes questions des accidents du travail et du contrat de transport des personnes. Ils prétendaient en tirer certaines conclusions, que nous ferons connaître dans la seconde partie de ce travail, et dont nous discuterons la légitimité.

Cette nouvelle manière de voir, au moins en ce qui concerne le principe même qu'elle attribue à la responsabilité a fait de rapides progrès dans la doctrine. Les plus illustres professeurs de notre école s'y rattachent fermement, je l'aurai prouvé quand j'aurai nommé MM. Lyon-Caen (1), Glasson (2), Planiol (3), Labbé (4). Ce dernier dit même que l'on peut démontrer la vérité de cette doctrine jusqu'à la rendre évidente ; nous pensons qu'il en est bien ainsi et en effet pour quelle situation a été fait l'art. 1382 ? Nous l'avons dit au commencement de ce travail, il doit régler les rapports créés par un fait entre deux ou plusieurs personnes étrangères les unes aux autres et qu'aucun lien contractuel ne réunissait. Mais

1. Lyon-Caen, *Revue critique*, 1886.
2. Glasson, *Le Code civil et la question ouvrière*.
3. Planiol, *Revue critique*, 1888.
4. Labbé. Sirey, 1889, IV, 1, et 1885, IV, 25.

s'il en est autrement, si les parties sont sorties les unes à l'égard des autres de ce droit général pour se lier et réunir par une convention, l'art. 1382 ne pourrait plus s'appliquer. Il existe en effet en matière de convention un principe absolu, inscrit à toutes les pages du Code en ce qui concerne cette matière, c'est le principe de la liberté la plus grande tant qu'aucune atteinte n'est portée aux bonnes mœurs, à la bonne foi, ou à la loi. Or du moment que deux personnes ont contracté, leur convention devient la loi particulière à laquelle elles sont soumises en ce qui concerne le *negotium* pour lequel elles se sont entendues. Supposons que le contrat exonère une partie de sa faute; on ne peut pas la faire retomber sous cette même responsabilité en invoquant l'art. 1382, car, dit M. Labbé, « ce serait détruire par le droit commun, destiné à régir l'absence de contrats, un contrat licite, ce qui n'est pas possible et ce qui serait contraire à la liberté des conventions. »

Prenons l'exemple, fourni par le jurisconsulte Ulpien, de cet ouvrier qui, chargé de travailler une matière facilement cassable, stipule qu'il ne sera pas responsable des accidents dont il pourrait être la cause par suite de sa maladresse, le propriétaire de la matière a accepté cette clause ; pourquoi dès lors, dans le cas où l'accident s'est produit, faire retomber l'ouvrier sous cette responsabilité et cela sous prétexte que l'on se trouve en matière délictuelle ; qui a mis l'ouvrier en danger de détériorier la matière à lui fournie, c'est la convention, sans elle jamais il n'eût été obligé de la travailler et par conséquent jamais il ne l'eût brisée.

D'ailleurs le créancier a accepté cette clause d'irresponsabilité, il savait fort bien par conséquent quel était le risque qu'il courait, il a néanmoins conclu le marché, il est donc en faute, et il ne doit pas se plaindre si prévenu et de son plein gré, il a librement choisi un débiteur qui se trouve moins diligent qu'il n'aurait pu le désirer, il a commis une faute en consentant à traiter dans des conditions, qui, alors que le dommage s'est produit, lui paraissent désavantageuses, il pouvait ne pas remettre sa chose à l'ouvrier, et en la remettant, c'est lui-même qui a créé le péril par sa propre volonté. La victime d'un délit au contraire n'a en général rien pu prévoir, si elle a pu prévoir, on ne peut au moins lui reprocher aucune imprudence puisqu'elle n'a pas pu empêcher le dommage. On voit que les deux hypothèses sont parfaitement tranchées.

Mais, peut-on dire, la convention ne suppose pas seulement l'existence d'un objet, mais encore celle de parties contractantes. Or supposons que le préjudice ait pour cause non pas une détérioration de

l'objet lui-même, mais qu'il atteigne directement
l'un des cocontractants, dans sa personne par exemple, et ceci est facile à imaginer, car le plus souvent
la convention aura pour résultat de placer les parties dans une situation anormale, soit en plaçant
le créancier ou le débiteur dans un milieu dangereux, soit en les forçant à faire des démarches qui
pourront devenir pour lui la cause d'un accident. La
responsabilité, dans une telle hypothèse, sera-t-elle
délictuelle ou contractuelle ?

Elle est délictuelle, répond la généralité de la jurisprudence et dé nombreux auteurs dans la doctrine
car, quoique contractant l'auteur du dommage n'en
reste pas moins soumis à la prescription de l'art.
1382, il est tenu de respecter son cocontractant de
même que tout homme est tenu de respecter son
semblable. D'ailleurs nous ne nous trouvons plus
exactement dans l'hypothèse du contrat, car les parties ne peuvent pas être considérées comme visées
par la convention.

Ce raisonnement nous semble absolument faux.

Le contrat et son exécution sont en effet des opérations extrêmement complexes qui, ainsi que nous
l'avons dit plus haut, ont pour résultat de placer
les parties contractantes dans une situation spéciale
vis-à-vis l'une de l'autre, vis-à-vis de l'objet même
de la convention.

Le créancier a le d. it d'exiger du débiteur l'exécution de son obligation, bien que cette exécution force ce dernier à courir certains risques; d'autre part le débiteur, pour exécuter son obligation, est quelquefois tenu de placer le créancier dans une position qui peut devenir la cause d'un accident. Tout ce que nous avons dit plus haut peut se rappeler ici; qui a mis ainsi le débiteur sous l'autorité du créancier? Le contrat. Qui est la vraie cause du péril couru par le créancier? Toujours le contrat! ils étaient libre l'un et l'autre de ne se point exposer au péril, ils n'avaient qu'à ne se point lier, ils savaient ce qu'ils faisaient en s'engageant, ils ont donc accepté la situation qui leur est faite, et ils ont dû prévoir que la mesure des soins à attendre était celle d'un créancier d'une diligence ordinaire. Et en effet, dit M. Labbé : « les soins qui « doivent accompagner un acte sont régis par les « mêmes principes que l'obligation d'accomplir cet « acte et ces soins sont réglés non pas par l'art. 1382, « mais par la convention qui a mis les parties en « péril ».

Cependant les parties n'avaient rien stipulé à ce propos et elles sont des tiers en ceci, elles n'avaient sans doute même pas prévu cette éventualité. Cette considération, pensons-nous, ne peut pas nous être opposée. En effet les art. 1134, §3, ainsi conçu :

« Les contrats doivent être exécutés de bonne foi, » et 1135 : « Les conventions obligent non seulement à ce qui y est exprimé, mais encore à toutes les suites que l'équité, l'usage et la loi donnent à l'obligation d'après sa nature », nous donnent raison.

Parmi ces suites figure nécessairement la réparation de tout préjudice survenu à l'un des contractants à l'occasion de la convention. L'obligation de réparation a en effet sa source dans la garantie réciproque que les parties se sont données contre les dommages pouvant résulter, pour l'une ou pour l'autre, de l'inexécution de leurs engagements exprès ou tacites.

En décider autrement aboutirait à distinguer en deux catégories les actions qui peuvent résulter d'un préjudice ; dans une première on placerait toutes réparations dûes en vertu d'une clause expresse du contrat ; à celles-là on appliquerait l'art. 1147, et tout le système légal propre aux inexécutions contractuelles ; dans la seconde on placerait les réparations dûes en vertu de clauses tacites, qui sont la suite de l'équité, de l'usage et on leur appliquerait l'art. 1382.

Il serait absolument contraire à nos principes modernes de s'en tenir ainsi à la lettre du contrat, cette règle, admissible lorsque les contrats étaient sous l'empire du droit stricte, deviendait une énormité dans une législation ou la bonne foi, est la

règle principale. C'est ceque M. Larombière indique
avec une remarquable netteté dans les passages suivants : « Les parties peuvent ne pas tout prévoir,
tout définir, tout expliquer. Les conséquences même
les plus prochaines de leurs conventions peuvent
leur échapper, à plus forte raison les conséquences
éloignées. » Après avoir montré que souvent le législateur comble les lacunes que les parties peuvent
avoir laissées dans l'expression de leurs volontés,
l'auteur ajoute : « La loi elle-même, aussi peu infai-
lible que l'homme dont elle est l'ouvrage, peut être
incomplète et insuffisante, c'est à l'équité, à la oj
naturelle de la compléter. Le bon sens est alors législateur et juge, » et plus loin traduisant Dumoulin l'illustre jurisconsulte ajoute : « Il faut tendre
constamment à ramener la loi surtout en matière
d'obligation, à la pratique de l'équité. c'est-à-dire,
à l'art du bon et du juste, et se rappeler sans cesse
que la sciencedu droit, dans sa fin et dans son but,
n'est que la science de l'équité et du bon sens. »

Or de même que l'équité et le bon sens demandent
que l'individu qui, par suite du contrat lui-même a
été mis en cas de détériorer l'objet du contrat, voit
sa responsabilité réglée et le *quantum* des dommages et intérêts, qu'il doit, déterminé d'après les règles propres aux conventions, de même celui des
contractants qui, par suite de la position spéciale

que lui a imposée la convention, se trouve subir un préjudice dans sa personne ou dans ses biens doit voir son droit à une indemnité établi non pas en vertu de la règle générale de l'art. 1382, mais en vertu de la loi qui lui est spéciale : celle du contrat.

Examinons quelques espèces.

Celle qui certainement présente le plus grand intérêt, tant au point de vue de son importance économique qu'à celui des nombreuses difficultés qui ont été soulevées à son sujet est celle des accidents du travail.

Posons l'hypothèse.

Un patron embauche un ouvrier pour lui faire effectuer un travail quelconque. Il lui fournit tout le matériel nécessaire (outils, machines, matières premières, etc.) et le place dans un milieu industriel choisi par lui patron ; en échange du travail demandé ce dernier promet à l'ouvrier de lui payer une certaine somme à titre de salaire.

Voilà tout ce qui, au premier abord, paraît constituer le contrat de louage d'ouvrage, et nous verrons que telles sont bien les deux seules obligations qu'il peut produire d'après la jurisprudence.

Mais en exécutant ce travail l'ouvrier est victime d'un accident, l'outil dont il se sert se brise et le blesse, ou bien la machine dont il a la surveillance venant à éclater lui casse un membre. Si l'accident a pour cause la faute du patron, ce dernier devra être rendu responsable du dommage qui en résultera.

Mais le sera-t-il comme toute personne l'est du dommage causé par sa faute (art. 1382) ou bien est-ce en vertu du contrat qu'il sera tenu de réparer le dommage causé ?

Le premier système, admettant la responsabilité délictuelle du patron en cas d'accident arrivé dans l'exécution du travail, raisonne ainsi :

Le contrat de louage est muet sur les obligations qui peuvent incomber au patron en cas d'accident survenu à ses ouvriers pendant le travail. Il a donc fallu suppléer à l'application du texte par celle du droit commun. Or ce droit commun se trouve dans les articles 1382, 1383 et suivants du Code civil, qui sont placés sous la rubrique « des délits et des quasi-délits » au titre « des engagements qui se forment sans conventions ».

Ce n'est donc pas sur le contrat de louage que s'appuiera l'ouvrier pour demander la réparation du dommage éprouvé, mais sur la faute du patron qui a été, par sa négligence, cause d'un accident, et sur le droit qui appartient à tout homme à de se faire indemniser du préjudice éprouvé injustement ; en effet les seules obligations qui naissent du contrat, sont celles de payer le salaire convenu et de prester le service promis, or ici les services promis ont été prestés, ou s'ils ne peuvent plus l'être, l'accident sera le cas fortuit qui empêche qu'ils ne le soient ; en décider autrement serait faire de l'ouvrier l'objet même du contrat, et il est certain que ce serait contraire à la réalité.

Cette théorie a longtemps été présentée comme la théorie traditionnelle du Code civil français.

« Ni la jurisprudence ni la doctrine n'hésitent dit
« M. Sauzet. La responsabilité du patron à son
« point de départ dans les art. 1382 et 1383...

« C'est là une thèse si bien établie qu'auteurs et
« arrêts se bornent à des affirmations que les docu-
« ments et les discussions parlementaires enregis-
« trent sans l'apparence d'un doute (1) ».

Cette opinion avait pour résultat de faire peser la charge de la preuve de la faute sur l'ouvrier, et dans l'état de notre industrie cette charge est singulièrement lourde.

« La situation de l'ouvrier, dit M. Fromageot, est
« devenue difficile vis-à-vis du patron qui, n'ayant
« pas à supporter les cas fortuits, profite de l'obs-
« curité pouvant régner et régnant le plus souvent
« sur la cause des accidents ».

C'est alors qu'en 1884 M. Sainctelette et en 1883

1. *Revue critique*, 1883, p. 602.

M. Marc Sauzet se sont efforcés de démontrer que
la base même de la responsabilité devait être dé-
placée lorsqu'il s'agissait de la réparation des accidents du travail.

Pour ces auteurs la responsabilité du patron, n'est
pas délictuelle, mais bien contractuelle ; elle trouve
son fondement non pas dans le devoir général qui
s'impose à tout homme de respecter son semblable,
mais dans le devoir spécial que lui impose le droit,
l'autorité que lui a conférée le contrat sur la personne
de l'ouvrier.

« Entre personnes qui sont liées par un contrat,
« et relativement à l'objet de ce contrat, dit M.
« Labbé, toute question de faute doit être jugée d'a-
« près les clauses du contrat, d'après la volonté des
« parties. L'art. 1382, qui régit les rapports des
« personnes n'ayant point contracté ensemble de-
« vient inapplicable. Tel est notre principe ! »

Si en effet les articles 1136, 1127, 1146 et suivants
du Code civil, qui déterminent les conséquences des
fautes en matière de contrats, sont inapplicables en
matière de délits ou de quasi-délits, de même les
art. 1382 et suivants, qui déterminent les conséquences des fautes en matière de délits ou de quasi-délits,
sont inapplicables en matière de contrats, lesquels

1. Labbé, Sirey. 1885, IV, p. 26.

sont uniquement régis par les articles cités plus haut.

Sur ce point nous pouvons apporter à l'appui de notre dire les témoignages les plus autorisés.

Parlant de la faute délictuelle M. Larombière nous dit : « A quelque degré qu'elle existe, si légère qu'elle « puisse être et *levissima* pourvu qu'elle soit établie « elle est légalement imputable:

« Alors au contraire qu'il s'agit de fautes con- « tractuelles, comme les rapports des parties ont « été le résultat de leurs volontés réciproques, ces « fautes s'apprécient suivant d'autres principes (1). »

Cette distinction est d'ailleurs très rationnelle et se justifie aisément. Quand deux parties ont con- tracté ensemble, elles se sont réciproquemment choisies et acceptées. Si elles ont renoncé l'une au profit de l'autre, à leur indépendance native, et si en dehors de la loi d'ordre public qui défend à chacun de nuir à autrui, mais ne l'oblige pas à lui procurer un avantage positif, elles se sont engagées à se four- nir mutuellement, un avantage, elles sont parfaite- ment libres aussi de déterminer l'étendue de la prestation. A côté de la loi d'intérêt général, leur volonté a créé, juxtaposé une loi d'intérêt privé, et elles seules sont maitresses des clauses de ce pacte.

1. Larombière, *Des Obligations*, art. 1382, n° 8. V. p. 689.

C'est en ce sens que les conventions légalement formées tiennent lieu de loi à ceux qui les ont faites (art. 1134). Ce point a été mis vivement en lumière par M. Labbé : « Un contractant pro-
« met de réaliser au profit de l'autre la prestation
« d'un service convenu, le droit commun ne l'obli-
« geait à rien de semblable, il est sorti au profit
« de l'autre contractant du cercle de la liberté
« naturelle ; il doit uniquement ce qu'il a pro-
« mis, et assurément la mesure de diligence fixée
« par l'article 1382 ne saurait s'appliquer à un acte
« que le droit commun ne prescrivait pas. Les soins
« qui doivent accompagner un acte sont régies par
« les mêmes principes que l'obligation d'accomplir
« cet acte. Nous devons, en vertu du droit commun,
« respecter la vie, la réputation, la propriété d'au-
« trui ; l'article 1382 reflète ce devoir et le sanc-
« tionne. Mais nous devons en vertu d'une promesse
« spéciale par laquelle nous avons mis nos forces au
« service d'un créancier déterminé, la manière plus
« ou moins zélée et prudente avec laquelle nous
« devons agir doit être proportionnée à la teneure
« du contrat qui nous oblige. Nous sommes rame-
« nés à cet idée si simple : nous devons en dili-
« gence, comme en fait d'activité, ce que nous
« avons promis, renonçant volontairement à notre

« liberté naturelle ; rien de plus. L'art. 1382 est
« étranger à cette hypothèse ».

Et puisque nous appliquons maintenant notre théorie au louage d'ouvrage, voyons comment tous les raisonnements présentés par nous plus haut peuvent trouver leur place ici.

Le contrat de louage ayant mis l'ouvrier en contact avec les machines appartenant au patron, l'ouvrier a spontanément renoncé à sa liberté pour se placer sous l'autorité du patron, et sous sa direction il est évident que par ce fait même il court plus de chances d'accident.

Dira-t-on en effet qu'il peut être assimilé à un tiers, et que le chef d'entreprise n'est pas tenu à plus de précautions pour garantir la sécurité de l'ouvrier que pour garantir celle du premier venu ? Dira-t-on que, relativement à la sûreté de son ouvrier, il ne sera tenu à rien de plus que le respect des droits d'autrui, prescrit par les articles 1382 et 1383 ?

Il me semble que poser la question en ces termes c'est la résoudre. Il me paraît évident que le patron est tenu envers son ouvrier d'une manière plus étroite qu'envers l'étranger, avec lequel, il n'est aucunement lié. Le contrat de travail lui a donné le droit de surveiller, de diriger, de commander l'ouvrier, de le forcer à rester dans ce milieu, auprès de cette machine, et par cela même l'a mis en danger.

Cette autorité impose au patron le devoir de garantir dans la mesure du possible, l'ouvrier des accidents qui peuvent provenir de l'exécution du contrat. D'ailleurs si le patron répond, vis-à-vis des tiers, des suites de son autorité mal exercée pourquoi en serait-il autrement, quand il s'agit précisément de ceux qui sont directement sousmis à cette autorité et qui sont ainsi les premiers à souffrir de ses mauvais traitements ?

La jurisprudence elle-même se charge le plus souvent de nous démontrer, par l'exposé des motifs sur lesquels elle base ses condamnations a des dommages et intérêts en cette matière, que la base qu'elle donne à la responsabilité du patron, est contraire à la logique. Il ne faudrait en effet rendre le patron responsable que des faits que prohibe l'art. 1382. Or l'obligation qui résulte de cet article est une obligation négative, une obligation de ne pas léser autrui. Nous avons démontré cette vérité dans la première partie de ce chapitre. Donc le patron ne devrait être tenu de réparer les suites des accidents que lorsqu'ils seraient une conséquence d'un fait de sa part et non pas d'une abstention, d'une négligence. Or la jurisprudence admet que la plus petite imprudence ou négligence suffit pour baser la responsabilité du patron.

Nancy, 9 décembre 1876 : « attendu que tout maitre

doit veiller à la sûreté de ses ouvriers dans les travaux auxquels il les emploie, et que cette obligation est encore plus étroite quand l'ouvrier est un enfant ignorant les dangers qu'il peut courir, et qui n'a ni la prudence ni l'expérience nécessaires ».

Nous pourrions citer un grand nombre d'arrêts exprimant les mêmes idées.

De là il résulte clairement que non seulement le patron est tenu de ne rien faire qui puisse devenir la cause d'un accident, pour l'ouvrier, mais que même il doit prendre toutes les précautions possibles pour que ces accidents ne se produisent pas, et doit même, dans une certaine mesure, défendre l'ouvrier contre ses propres imprudences. Or cette obligation ne peut certainement venir que du contrat de louage et est assurément absolument étrangère à l'article 1382.

De nombreuses objections ont été faites à ce système et on a dit tout d'abord : « La base de cette théorie paraît mauvaise, car la supposition dans le contrat de louage d'un engagement relatif à la sécurité personnelle de l'ouvrier semble bien difficile à expliquer.

« Des personnes compétentes ont fait observer qu'en fait on ne voit nulle trace de stipulation de cette nature ; que l'on consulte ceux qui font des contrats de louage de service, ni patrons ou ouvriers, ni maîtres ou domestiques, n'affirmeront avoir jamais pensé à faire de la sureté personnelle une prévision de garantie contractuelle » (1).

Si la clause de garantie pour le cas d'accidents se trouvait expressément comprise dans le contrat il n'y aurait plus de question et personne ne pourrait soutenir que la responsabilité du patron n'est pas contractuelle. Mais elle n'y est pas et on peut, je crois, supposer trois raisons de cette absence.

Ou bien les parties ont trouvé que cette clause était tellement naturelle qu'il était inutile d'en parler ;

Ou bien elles n'y ont pas pensé ;

Ou bien elles l'ont rejetée.

Voyons tont d'abord si cette dernière hypothèse serait la vrai : « on a fait encore observer, dit M. Fromageot, avec raison, semble-t-il, que c'est de son plein gré, que l'ouvrier se soumet aux dangers de son travail, qu'il est par conséquent injuste de faire supporter au patron les accidents fortuits, ou sans cause connue, en le considérant comme un débiteur contractuel de la sécurité de l'ouvrier. « Le patron offre et l'ouvrier accepte l'insécurité, le danger, la possibilité d'un accident » (2).

1. Fromageot. De la faute comme source de responsabilité en droit privé p. 96.
2. Fromageot, *loco citato*, p. 97.

Un maître charpentier, par exemple, embauche un ouvrier, il lui offre de faire un travail dangereux, de travailler sur un toit avec certaines chances de chute. Il ne lui promet pas que tout danger sera écarté, qu'il sera en pleine sécurité, loin de là, il lui annonce qu'il l'expose à un danger. L'ouvrier accepte d'accomplir le travail dans les conditions offertes, il accepte l'insécurité.

Il faut bien s'entendre, il est certain que l'ouvrier accepte l'insécurité en tant qu'elle résultera de sa propre imprudence, ou du cas fortuit; en un mot il accepte que le patron ne se constitue par son assureur; mais il n'est pas moins certain, à mon sens, qu'il n'accepte pas et surtout qu'il ne peut pas être censé accepter l'insécurité en tant qu'elle sera la conséquence du mauvais état ou de la qualité défectueuse des outils qui lui sont fournis par le patron, ou bien encore du manque de prévoyance ou des négligences de ce dernier ; nous verrons dans notre seconde partie, si cette irresponsabilité du patron peut dériver d'une convention expresse, elle ne peut pas dériver d'une clause tacite. D'ailleurs les partisans de cette opinion reconnaissent parfaitement que le patron est responsable des accidents arrivés à ses ouvriers lorsqu'ils ont pour cause sa faute ou sa négligence, mais ils tiennent à établir que cette responsabilité ne peut pas avoir pour principe le contrat de louage d'ouvrage ; parce que, pour eux, l'admission de ce point de départ entraînerait comme corollaire le déplacement du fardeau de la preuve, et le ferait passer de la tête de l'ouvrier sur celle du patron. Et ces auteurs se sont demandé si une telle conclusion était bien justifiée dans la pratique, et s'il serait bien juste de faire retomber sur le patron la charge d'accidents qui quatre-vingt-dix-neuf fois sur cent, alors même qu'aucune preuve ne pourra être apportée à la charge de l'ouvrier ou du patron seront cependant imputables à l'ouvrier qui par son imprudence habituelle joue pour ainsi dire continuellement avec le danger.

Nous pourrions répondre que de tels arguments peuvent bien pousser le législateur à se décider dans un sens ou dans un autre mais qu'ils ne peuvent être d'aucune valeur pour le jurisconsulte qui déduit une théorie juridique. Nous verrons d'ailleurs, dans notre seconde partie, que la crainte de ces auteurs est vaine et que le renversement de la preuve n'est qu'une conséquence très discutable du principe de la responsabilité contractuelle du patron.

Il est certain qu'en général l'ouvrier, à moins qu'il n'embrasse une profession notoirement dangereuse, comme le travail de certains métaux, ne pense pas aux accidents qui pourraient lui arriver, mais, nous l'avons dit plus haut, les articles 1134 et 1135 sont là pour suppléer à l'insuffisance de la convention expresse et pour y faire rentrer tout ce que l'équité veut y faire comprendre, or n'est-il pas de la plus haute équité que le patron qui, pour gagner de l'argent, place un de ses semblables dans une situation périlleuse, s'engage envers lui à prendre toutes les précautions, à faire tous les efforts possibles pour qu'aucun accident ne se produise. Un tel raisonnement, nous semble-t-il, s'impose par son évidence.

Reprenant donc le raisonnement même de la jurisprudence nous dirons : le contrat de louage est muet sur les obligations qui peuvent incomber au patron en cas d'accidents survenus à ses ouvriers pendant le travail. Il faut donc suppléer à l'application du texte par celle du droit commun. Or ce droit commun qui se trouve pour les personnes qu'aucun lien contractuel ne réunit, dans les articles 1382 et 1383 et suivants du Code civil, doit être cherché, pour celles qu'un contrat a placées vis-à-vis l'une de l'autre, dans une situation spéciale, anormale, dans les articles 1134, 3ᵉ alinéa et 1135, 1147 et 1315. Il faut donc décider que la responsabilité du patron dérive non pas d'un délit mais d'une clause tacite du contrat par laquelle le patron est censé s'être obligé à faire tous ses efforts pour que les accidents soient aussi rares que possible.

Il peut être utile de montrer que cette solution, qui est, je le crois, parfaitement conforme aux principes, l'est aussi au point de vue économique; il paraît en effet impossible, comme je le faisais remarquer plus haut, que le patron qui reçoit un ouvrier pour lui faire exécuter un travail qu'il lui indique, avec des machines et des outils qu'il lui fournit, soit obligé vis-à-vis de lui à réparer les dommages qui sont la suite de la mauvaise qualité du matériel, ou de la négligence des préposés, en vertu du même principe qui lui imposerait le devoir d'une réparation à l'égard d'un étranger, d'un visiteur par exemple, qui aurait éprouvé un accident par la faute du patron, mais en dehors de l'exécution d'un contrat.

On a aussi fait l'objection suivante : l'article 1159 s'exprime en ces termes : « la convention s'interprète d'après ce qui est d'usage dans le pays ». Or votre théorie est nouvelle ; elle est née quatre-vingts ans après la promulgation du Code. Cela est vrai, mais je ne crois pas qu'on doive jamais admettre que l'usage puisse transformer en vérité ce qui est erreur et je pense que l'équité devra toujours être préférée à l'usage. D'ailleurs l'usage n'est nullement contraire à notre théorie et la jurisprudence qui en est l'expression même, affirme, depuis longtemps, nous l'avons montré plus haut, que le patron répond de sa moindre négligence dans les soins qu'il doit apporter à la sauvegarde de ses ouvriers pendant le travail, et si elle ne fait pas découler cette obligation du contrat, c'est par suite d'une erreur que nous avons indiquée.

Nous avons raisonné sur un premier exemple, nous allons appliquer notre théorie, à un second contrat à celui de transport des personnes : s'il n'est pas aussi important de déterminer la nature de la responsabilité des voituriers parceque quoique fréquents, les accidents qui se produisent pendant les transports, sont plus rares que ceux qui ont pour cause le contrat de louage d'ouvrage, au point de vue théorique la discussion n'est pas moins intéressante.

Un voyageur a, moyennant le paiement d'une certaine somme, stipulé qu'un voiturier, une compagnie de chemin de fer, par exemple, le transporterait de tel endroit dans tel autre. Cet accord de volonté constitue assurément un contrat, personne n'a jamais pensé à le mettre en doute ; mais pendant le voyage un déraillement ou tout autre accident venant à se produire le voyageur est tué ou blessé. Cet accident motive certainement contre la compagnie une demande en paiement de dommages et intérêts ; mais est-ce en vertu du contrat de transport, ou en vertu du devoir général sanctionné par l'art 1382 que le voiturier devra être rendu responsable.

On voit que la question se pose ici dans des termes analogues à ceux dans lesquels se pose celle des accidents du travail; il est cependant encore plus facile de démontrer ici la nature contractuelle de la responsabilité de la compagnie de chemin de fer ou plus généralement du voiturier. Nous allons tout d'abord indiquer l'état de la jurisprudence, et nous nous efforcerons ensuite de réfuter les arguments dont elle se sert.

Ici, comme en matière de louage de service, le Code est muet, il s'est occupé des obligations du voiturier chargé du transport de marchandises, mais le législateur a complètement négligé de s'expliquer sur l'étendue et nature de ces mêmes obligations lorsqu'au lieu de marchandises il s'agit de voyageurs. Il faut donc ici suppléer par l'analyse juridique au défaut de texte.

Dans l'art. 1784 le législateur nous indique quelles sont les obligations du voiturier qui, chargé du transport de marchandises, ne peut plus les livrer on ne peut le faire qu'en mauvais état et détériorées. Cet article est ainsi conçu. « Ils (les voituriers) sont responsables de la perte et des avaries des choses qui leur sont confiées, à moins qu'ils ne prouvent qu'elles ont été perdues ou avariées par cas fortuit ou force majeure. »

Or, disent de nombreux arrêts, l'article 1784 n'est fait que pour les transports de choses et non pour ceux de personnes, et la responsabilité du voiturier est, dans ce dernier cas, déterminée par les articles 1382 et suivants : « Attendu qu'en déclarant dans l'art 1784 les voituriers responsables, etc.... le législateur a clairement indiqué, par les expressions mêmes dont il s'est servi, qu'il ne s'occupait que du transport des choses et marchandises et non du transport des personnes.... Attendu que ce principe ne saurait être appliqué au transport des personnes, par rapport auxquelles les règles de la responsabilité civile sont exclusivement fixées par les art. 1382 et suivants du code Civil. »

Cet article 1784 peut ne pas paraître bien trouver sa place ici, il règle en effet une question de preuve ; et il semblerait qu'il dût plutôt nous occuper lorsque nous traiterons cette importante question ; cependant il présente un réel intérêt pour nous à propos même de notre grande controverse. Et en effet cet article ne peut s'expliquer que de deux façons ; ou bien il est tout simplement une application du droit commun contenu dans l'art. 1147 : la libération ne se présume pas ; ou bien il contient une présomption de faute contre le voiturier, qui n'était tenu qu'en vertu de l'art. 1382 de ne pas détériorer les marchandises qu'on lui avait confiées. Or quelle est, parmi ces deux solutions, celle qui doit être acceptée ? la jurisprudence semble, dans le passage que nous venons de citer, se ranger à la seconde ; mais ceci est peu soutenable car le voiturier a reçu un objet qu'il doit transporter et rendre soit à l'expéditeur lui-même, soit à un destinataire. Voici bien les éléments du contrat, or cette obligation de rendre en bon état la chose à lui confiée lui impose celle de la surveiller pour faire en sorte qu'elle ne soit pas avariée. C'est donc bien en vertu d'un contrat qu'il est tenu d'indemniser le propriétaire des marchandises qu'il a détériorées, et par conséquent l'art. 1784 ne contient que l'application au contrat de transport d'un principe général en matière de preuve, principe compris dans les art. 1147 1302 et 1315.

Dès lors il nous semble singulièrement périlleux de soutenir en droit ou en raison l'argument *a contrario* sur lequel la Cour base son arrêt ; on sait en effet que l'argument *a contrario* peut être ou absolument bon ou très mauvais suivant la nature de la disposition qui lui sert de base. C'est ce que M. Sarrut fait très bien ressortir : « Le texte, dit cet auteur, rappelle-t-il un principe de droit commun ? Qu'importe ses expressions en apparences limitatives puisque même à défaut du texte, ce principe régirait la matière ? Le texte pose-t-il au contraire une disposition exorbitante du droit commun, consacre-t-il une exception aux règles générales ? Il faut l'interpréter restrictivement et l'argument *a contrario sensu* qu'il fournit est irrésistible ».

Or nous venons de le montrer l'art 1784 n'est pas une dérogation au droit commun, mais bien au contraire la pure et simple application du droit commun compris dans l'art 1302.

Maintenant que nous avons écarté l'objection tirée des termes employés par le législateur dans l'art. 1784 nous allons nous efforcer de démontrer directement que c'est bien en vertu du contrat de transport que le voiturier est tenu d'indemniser le voyageur victime d'un accident.

Le voyageur a été mis pendant le trajet à la merci complète de la compagnie, car pour que l'exécution du contrat soit possible il faut nécessairement qu'il monte dans la voiture qu'il se confie au conducteur. il abdique pour ainsi dire sa volonté, il n'est nullement maître de faire arrêter lorsqu'il juge dangereux d'aller plus loin. D'ailleurs on peut dire qu'ici, à côté du contrat de transport il existe en général un louage de choses et, en effet, dit M. Troplong : « Vous retenez une place dans tel compartiment d'une diligence, ou dans la male poste, ou dans un bateau à vapeur. Cette place ne vous est-elle pas louée ? N'en avez vous pas tout l'usage qui est compatible avec ce genre de chose ? Oui sans doute. A côté de l'opération principale qui est une entre-

prise de transports, c'est-à-dire un louage de services, il se trouve un louage d'une chose employée
comme moyen pour rendre plus commode le transport de la personne. Le voyageur a droit à telle
place convenue, et non à telle autre plus gênante.
Nul ne peut l'occuper à son détriment ; la jouissance lui en appartient pour tout le trajet, et c'est
ce qui arrive dans toute entreprise de transport des
personnes (1) » Et de cette remarque M. Sourdat
tire la conclusion suivante : « Celui qui retient une
place dans une voiture publique acquiert un droit
à telle place en particulier. L'entrepreneur est obligé
de l'en faire jouir et de lui en assurer l'usage en
toute sécurité. Ceci implique l'obligation de le préserver de tous les accidents qui seraient le résultat
de la faute de l'entrepreneur et de ses agents ».

D'ailleurs, nous l'avons déjà dit dans la partie générale de cette première partie de notre thèse et
lorsque nous avons parlé des accidents du travail
la volonté des parties doit être recherchée, et lorsqu'il est constant qu'elles ont eu en vue telle ou telle
clause non exprimée, cette clause doit être regardée
comme écrite dans le contrat. Or le voyageur qui
monte en chemin de fer pour être transporté d'un
endroit à un autre a sans aucun doute la prétention

1. Troplong, *Traité du clouage*, n° 905.

de faire ce voyage sans qu'aucun accident puisse se produire, il pense parfaitement que la compagnie de chemin de fer s'oblige à le transporter sain et sauf et si un accident se produit elle sera tenue d'indemniser le voyageur non pas comme elle serait tenue de le faire relativement à un passant qui aurait été écrasé par le train par exemple, non pas en vertu de l'obligation qui s'impose à tout homme de ne pas causer par sa faute un dommage aux autres hommes, mais comme débitrice d'une obligation de transport inexécutée ou tout au moins mal exécutée

Mais, a-t-on dit, c'est mettre le voyageur sur le même pied que la marchandise et cela est impossible, car, disait une compagnie de chemin de fer défenderesse dans un procès de ce genre « le voiturier est mis en possession des objets, choses inanimées, incapables de se surveiller elles-mêmes ; l'expéditeur est contraint de se dessaisir et d'abdiquer toute surveillance ; depuis la remise d'un objet à l'entrée d'une gare jusqu'à sa livraison et à la sortie d'une autre gare, la compagnie de chemins de fer peut seule veiller à sa sûreté. Il en est tout autrement d'une personne, être intelligent et libre et actif, capable d'éviter avec un peu de prudence bien des dangers.... » A cette objection M. Emion répondait : « Il y a là une confusion entre deux choses essentiellement distinctes, entre les mesures de précaution que peuvent prendre les voyageurs et celles que doit prendre le transporteur.

Sans doute le voyageur doit éviter de commettre une insprudence, p. ex : de mettre la tête hors de la portière, de descendre avant que le train soit arrêté, etc.... mais il ne peut prendre dans son intérêt aucune précaution en ce qui concerne le service et se protéger, sous ce rapport contre l'imprudence de la compagnie. »

Et en effet quelle mesure de précaution peut prendre un voyageur dans un déraillement, dans une rencontre de trains, dans ces cas il est aussi passif qu'une chose inanimée et il n'y a aucune absurdité à les comparer.

La jurisprudence a du reste admis plusieurs fois cette manière de voir. Ainsi dès 1881 la Cour d'appel de Bruxelles disait dans un arrêt du 20 nov : « La Cour, attendu que l'Etat belge, appelant a contracté envers l'intimé l'obligation de le transporter avec tout le soin que comporte la sûreté des voyageurs. » Et le tribunal de la Seine, dans une espèce où il s'agissait d'une simple voiture de place, exprimait la même vérité avec une rare netteté : « Attendu qu'en prenant en charge la personne de la dame Goudchaux, la compagnie générale des petites voitures de Paris s'obligeait implicitement à la remettre saine et sauve à la destination indiquée, qu'il est intervenu entre elle et cette dame un véritable contrat de transport. »

CHAPITRE II

DE LA PREUVE.

Il est aisé de comprendre quelle grande importance présente cette question de la preuve; c'est par elle en effet que la vérité se fera jour, et que les juges seront convaincus.

De plus, il ne suffit pas que la cause d'un dommage existe, il faut encore qu'elle soit connue, afin qu'on puisse la juger d'après les principes établis.

Or il existe une foule de cas dans lesquelles le dommage a une cause inconnue, et qui, malgré tous nos efforts, reste telle. Et cependant malgré cette obscurité le juge n'en est pas moins tenu de rendre sa sentence, il ne doit jamais s'abstenir de juger quels que soient ses doutes, art. 4 : « Le juge qui « refusera de juger, sous prétexte du silence, de « l'obscurité ou de l'insuffisance de la loi, pourra « être poursuivi comme coupable de déni de jus-« tice. »

Pourtant les deux plaideurs se contentent de produire des affirmations contraires; à qui donner tort? à qui donner raison? Le problème serait insoluble, si tous les deux étaient chargés de la preuve. Si, au contraire ce fardeau n'incombe qu'à l'un des plaideurs, c'est lui qui dans le doute succombera. On a exprimé cette idée dans la formule suivante : la charge des cas douteux suit le fardeau de la preuve. Il est donc du plus haut intérêt d'étudier les règles qui doivent s'appliquer à cette importante matière.

Les auteurs qui ont suscité la grande discussion que nous avons étudiée dans la première partie de ce travail, n'ont eu en vue qu'un règlement de la preuve différent de celui qui était consacré par la tradition, ils ont notamment voulu démontrer que dans les cas d'accidents du travail ce n'était pas l'ouvrier qui devait prouver l'existence d'une faute imputable au patron et cause de l'accident, mais que c'était au contraire ce dernier qui devait démontrer qu'aucune faute ne lui était imputable; ils prétendaient ainsi faire passer la charge des accidents sans cause connue de la tête de l'ouvrier sur celle du patron.

Nous allons étudier les diverses opinions qui ont été présentées sur ce sujet :

D'après M. Sainctelette (*responsabilité et garantie*) la question de la preuve devrait être tranchée par une simple distinction :

Se trouve-t-on em matière de délit ou de quasi-délit, la victime doit, pour démontrer son droit à une réparation, établir quatre choses : « 1° qu'une loi d'ordre public défend de faire telle chose ; 2° que cette loi a été enfreinte ; 3° que de cette infraction un dommage est né à son détriment particulier ; 4° que l'auteur de cette infraction est bien la personne qu'elle a attraite en justice. »

Mais celui qui se plaint de l'inexécution d'une convention n'a que trois choses à prouver : « 1° qu'un contrat existe par lequel il a stipulé que telle chose serait faite ou ne serait pas faite ; 2° que ce contrat n'est pas exécuté ; 3° qu'un dommage résulte de cette inexécution. »

Il est facile de voir combien, d'après cette théorie, la position du créancier qui se plaint de l'inexécution de l'obligation contractuelle est plus avantageuse bue celle de la victime d'un délit ou d'un quasi-délit demandant réparation du dommage qu'elle a prouvé. La preuve la plus difficile à apporter sera en effet celle qui concerne la causalité de l'inexécution contractuelle, et nous avons vu que M. Sanctelette en dispense toujours le créancier d'une obligation conventionnelle ce serait au contraire au débiteur qui se prétend libéré de prouver que le dommage n'est pas la conséquence de sa faute, il en est tout différemment en ce qui concerne les délits et quasi-délits.

Cette doctrine est simple et facile à saisir, en théorie du moins, car dans la première partie de ce travail nous avons vu à quelles difficultés donne lieu la distinction entre l'obligation conventionnelle et l'obligation légale. Le savant auteur prétend baser sa théorie sur les art. 1315 § 2 et 1147 d'une part et 1382 d'autre part.

Dans la science du droit, et surtout qand il s'agit d'une matière aussi compliquée que celle de la preuve, il faut se méfier des formules trop simples, qui ne correspondent pas toujours à la réalité, et il faut analyser les théories juridiques de plus près que ne le fait M. Sanételette, sous peine d'errer ; nous montrerons tout à l'heure pour quelles raisons la distinction proposée par lui ne nous paraît par exacte en tous points.

M. Lefèvre, dont nous avons déjà, dans notre première partie, exposé les idées de son principe faux, tire quant à la preuve des conséquences qui, si elles ne sont pas toujours fausses, sont trop absolues et souvent inexactes.

D'après cet auteur, nous l'avons déjà dit, toute responsabilité émane nécessairement d'une faute ; il en conclut que le créancier devra prouver non seulement l'existence de l'obligation, l'inexécution dommageable, mais encore la non-libération, c'est-à-dire la faute du débiteur qui fait que l'inexécution lui est imputable. Mais cette opinion se heurte aux deux articles 1315 et 1302. Le premier n'est nullement conforme « aux vrais principes du droit » et quand à l'article 1302 plein de lacune et d'incohérance, il édicte tout simplement une présomption de faute contre le débiteur d'un corps certain, et il a été dicté par des considérations relatives à la pratique : « Sa prescription s'explique, dit M. Lefèvre, non par l'idée que le débiteur doit prouver sa libération mais par une présomption. Le débiteur d'un corps certain le possède il doit savoir mieux que le créancier d'où provient la perte, qu'il le démontre. »

Nous avons déjà énuméré plusieurs considérations qui, à notre avis, doivent faire rejeter cette opinion, mais nous allons ici en ajouter une nouvelle qui se rapporte plus spécialement à la preuve. Supposons qu'un incendie se déclare chez un locataire, à l'égard de son bailleur il doit prouver que l'événement n'est point imputable à sa propre faute (art. 1733). L'idée proposée par M. Lefèvre trouve certainement ici son application, il est évident, en effet, qu'habitant l'immeuble le locataire est plus à même que n'importe qui d'indiquer les causes de la catastrophe ; mais poussons l'hypothèse plus loin, supposons que l'incendie se soit communiqué, à une maison voisine, le raisonnement reste toujours le même,et c'est celui qui habitait l'immeuble où le feu a commencé qui est le plus à même d'en indiquer les causes et cependant ici ce sera au propriétaire de la maison à laquelle le feu s'est communiqué qu'il appartiendra de prouver la faute du locataire, pourquoi cette différence ? c'est que dans un cas il existe une convention : le contrat de louage, et que dans l'autre il s'agit du règlement d'un dommage dont la cause est étrangère à toute convention (1).

M. Pirmez part d'un point de vue diamétralement opposé à celui dont nous venons de démontrer la fausseté, pour lui la charge de la preuve, en ce qui concerne la faute, incombe toujours au défendeur, et voici comment raisonne cet auteur :

« L'obligation de réparer le dommage causé (art. 1382 et suivants) n'est pas une obligation originaire, première, principale, mais seulement la sanction du devoir *neminem lœdere* imposé par la loi ; du reste l'origine de l'obligation est indifférente ; qu'elle découle d'un quasi-délit ou d'un contrat, c'est tout un et bien que le Code n'ait pas expressément disposé sur les obligations légales, il est certains qu'elles sont en général régies par les mêmes principes que les obligations conventionnelles. Donc le deman-

1. Labbé, Sirey, 1886, IV, 25.

deur doit seulement, dans un cas comme dans l'autre, prouver l'existence de l'obligation, et c'est au défendeur, au patron, à la compagnie de chemin de fer, à démontrer qu'il n'y a pas de faute de sa part et partant pas de responsabilité. »

Ce système doit être rejeté, car son auteur semble publier que si en effet il existe un devoir de ne léser oersonne, pour établir son droit à une réparation, il ne suffit pas que la victime de la lésion prouve qu'elle a subi un ·˙ mmage, il faut encore qu'elle démontre que cette lésion est imputable à quelqu'un, c'est-à-dire qu'elle établisse l'existence d'une faute, et cela parce que c'est la faute elle-même qui qui crée le lien de droit, qu'en agir autrement serait établir une présomption générale de faute au profit de la victime du délit, présomption que rien n'autorise à regarder comme existant, et qui d'ailleurs le plus souvent serait absurde ; car si, lorsqu'il s'agit d'une inexécution contractuelle, la règle posée par les arts. 1147 et 1315 § 2 peut se comprendre parce que le débiteur est le seul que puisse être rendu responsable de l'inexécution de l'obligation, il en est tout différamment en matière de délit ou de quasi-délit ; il s'agit en effet ici d'un devoir général qui s'impose à tous les hommes, il sera donc nécessaire que la victime montre quelle est la personne responsable et par cela même elle sera tenue d'établir l'existence de la faute, et le rapport de cause à effet existant entre la faute et le dommage. M. Pirmez a voulu appliquer la théorie aux cas d'accidents du travail, cas où il existait un contrat préexistant, et il ne s'est pas rendu compte qu'en la généralisant on la conduisait à l'absurde.

Nous pensons qu'aucun des trois systèmes que nous avons exposés jusqu'ici ne peut complètement satisfaire l'esprit; nous avons déjà réfuté les deux derniers; nous allons indiquer pour quelles raisons. le premier, proposé par M. Sainctelette, ne nous paraît pas admissible en tous joints.

Le savant auteur résume son opinion en disant que le créancier qui se plaint d'une inexécution contractuelle n'a jamais à prouver que cette inexécution est due à une faute imputable au débiteur. Cette formule, exacte dans un grand nombre de cas, nous semble cependant trop absolue. Nous pourrions en effet citer un grand nombre d'hypothèses dans lesquelles la simple raison suffit à démontrer la fausseté de cette règle.

Construisons une espèce : Je me suis engagé, en vous concédant le droit de chasse sur mes terres, à n'y jamais chasser moi-même, or vous vous apercevez que quelqu'un s'est permis d'empiéter sur votre droit exclusif de chasse, vous suffira-t il. pour me faire condamner à vous payer des dommages et intérêts basés sur le manquement à ma promesse, de prouver le contrat intervenu entre nous, et le fait de chasse constaté par vous ? Assurément non ! Car ce fait peut avoir pour auteur une autre personne et dans ce cas vous n'aurez à vous plaindre de rien ; d'ailleurs pour qu'un débiteur contractuel soit passible de dommages et intérêts il ne suffit pas, c'est M. Sainctelette lui-même qui nous le dit, que le créancier ait subi un dommage, il faut encore, et cela est capital, qu'il soit certain que le débiteur n'a pas exécuté son obligation ; or c'est justement, dans notre hypothèse, cette dernière preuve qui n'est pas faite, et pour que le créancier puisse l'apporter, il faudra nécessairement qu'il établisse ma responsabilité, c'est-à-dire qu'il démontre l'existence d'une faute qui me soit imputable.

Nous ne croyons donc pas que la vraie solution de notre question se trouve dans le système proposé par MM. Sainctelette, Sauzet et Labbé. Il est cependant un point sur lequel nous sommes absolument d'accord avec ces savants auteurs. Le premier nous dit que la victime d'un délit ou d'un quasi-délit doit nécessairement apporter la preuve d'une faute imputable à son auteur. Ceci nous paraît en effet incontestablement découler de cette idée que, dans une telle situation, le lien de droit est créé par la faute elle-même, et nous avons déjà donné les arguments

qui nous paraissent militer en faveur de cette manière de voir lorsque nous avons réfuté le système
de M. Pirmèz. Nous nous séparons complètement
de ces auteurs au contraire, lorsqu'ils soutiennent
que le créancier demandant réparation du dommage
à lui causé par la non exécution, ou la mauvaise
exécution de l'obligation est toujours dispensé de
démontrer l'existence d'une faute imputable au débiteur.

Nous pensons que cette question doit être tranchée à l'aide d'un sous-distinction.

Et en effet, l'inexécution de l'obligation mise à
sa charge par la convention peut avoir pour cause la
faute du débiteur, mais elle peut aussi être la conséquence d'un fait absolument étranger à ce dernier, que ce fait constitue un cas fortuit ou de force
majeure, ou qu'il soit imputable au créancier lui-
même, qui par malveillance ou incurie aura rendu
impossible l'exécution de l'obligation.

Or il existe une catégorie d'obligations nées de la
convention qui dès leurs naissances sont parfaites,
c'est-à-dire qui arment le créancier de deux actions
très différentes, la première ayant pour objet de réclamer en justice la livraison de la chose, la prestation du service promis, la seconde ayant un caractère subsidiaire et ne pouvant être employée qu'en
cas d'inefficacité certaine de la première ; cette se-

conde action est celle qui a pour objet le paiement
de dommages et intérêts, lorsque la chose ne peut
pas être livrée, lorsque le débiteur se trouve
dans l'impossibilité, de tenir sa promesse, ou lorsqu'il s'y refuse ; par exemple, j'ai stipulé que Primus me livrerait tel cheval qui est dans son écurie,
ou bien Secundus, peintre, s'est engagé à faire mon
portrait, Tertius, ingénieur, a été chargé par moi de
faire des recherches sur la valeur de telle ou telle société financière, exploitant des mines. Je poursuivrai
Primus en livraison du cheval promis, Secundus et
Tertius en prestation du service promis, tout au
moins je les mettrai en demeure et ce ne sera que
dans le cas d'échec de ces modes de coercition que
je serai admis à leur demander des dommages et intérêts et cela parce que l'obligation avait un objet
principal et que des dommages et intérêts ne peuvent être accordés qu'en cas de non exécution ou de
mauvaise exécution de l'obligation principale.

Or je suppose qu'en réalité Primus ne puisse plus
me livrer le cheval promis, que Secundus et Tertius ne
puissent plus ou ne veuillent plus exécuter la prestation, à laquelle ils s'étaient engagés ; quelle preuve
devrai-je faire pour que des dommages et intérêts
me soient alloués. L'art. 1147 nous répond : « Le
débiteur est condamné, s'il y a lieu, au paiement
de dommages et intérêts, soit à raison de l'inexécu-

tion de l'obligation, soit à raison du retard dans l'é-
xécution, toutes les fois qu'il ne justifie pas que
l'inexécution provient d'une cause étrangère qui ne
peut lui être imputée, encore qu'il n'y ait aucune
mauvaise foi de sa part. » Les articles 1302 et 1315
§ 2 sont conçus dans des termes analogues, il résulte de ces articles que le créancier, dans de tels
cas, aura démontré son droit à une indemnité quand
il aura prouvé l'existence du contrat, l'inexécution
de l'obligation et le dommage qui en est la conséquence, sauf bien entendu le droit pour le débiteur
d'établir que cette inexécution ne lui est pas imputable et qu'il est libéré. On peut résumer cette théorie dans la phrase suivante : De même que l'obligation, la libération ne se présume pas. Cette différence
quant à la preuve entre la responsabilité délictuelle
et la responsabilité contractuelle de cette première
catégorie est très naturelle car, ainsi que le fait remarquer M. Sanictelette : « En matière de responsabilité, c'est l'existence de la créance qu'il faut
prouver. En matière de garantie c'est l'extinction
de la dette qu'il s'agit d'établir. »

Ceci parfaitement exact quant il s'agit des obligations conventionnelles de notre première catégorie, cesse de l'être quand on se trouve en présence
de celles de la seconde catégorie. Celles-là peuvent
êtres dites imparfaites, en ce sens qu'elles n'arment

pas le créancier de la première action dont nous avons parlé plus haut, à propos de la première catégorie ; elles ne peuvent donner lieu qu'à une action en dommages et intérêts, parce qu'elles ne créent un droit actif au profit du créancier que du jour où elles ont été méconnues. Telles sont les obligations négatives, celles qui ont pour objet non pas un service, mais la promesse faite par le débiteur de ne pas devenir pour le créancier, par suite de son imprudence, de sa faute, la cause d'un certain dommage. Ces obligations ont bien pour résultat de mettre un devoir à la charge du débiteur, mais elles ne créent au profit du créancier qu'un droit éventuel de réparation pour le cas où le débiteur aurait contrevenu à sa promesse.

Or en général dans de telles conventions, la situation respective des parties sera toute différente de celle que nous leur avons vu occuper dans la première hypothèse. Supposons en effet que le dommage prévu vienne à se produire, le créancier devra, pour établir son droit à des dommages et intérêts prouver que le débiteur n'a pas rempli son obligation, est presque toujours cette preuve entraînera celle de la faute ; qu'a promis le débiteur en effet ? Pas autre chose que de ne pas devenir par son fait ou celui de ses préposés ou engins la cause d'un préjudice pour le créancier. Or le préjudice venant à se produire, il restera à prouver que le débiteur n'a pas tenu son engagement, c'est-à-dire que le dommage lui est imputable, en un mot la charge de prouver la faute incombera au créancier demandeur.

Je ne veux pourtant pas poser ceci en règle générale, car il existe des exceptions, mais elles n'infirment en rien ce que nous venons de dire, elles sont la conséquence de situations spéciales, par exemple j'ai stipulé que Primus ne bâtirait pas sur tel terrain que je lui ai vendu, ou bien il s'est engagé à ne pas surélever sa maison, s'il contrevient à un tel engagement, il est certain que je n'aurai pas à prouver que le dommage qui en résulte pour moi lui est imputable mais cela tient seulement à ce qu'il existe un présomption de faute contre lui, quand en effet sur un terrain appartenant à une personne déterminée une maison est construite, c'est toujours le propriétaire qui, jusqu'à preuve contraire, en est censé l'auteur.

Nous pouvons ainsi résumer toute cette théorie : Du moment que le débiteur d'une obligation positive de donner ou de faire quelque chose se reconnaît incapable ou se déclare résolu à ne pas accomplir sa promesse, il est certain, sans qu'il soit besoin d'aucune autre constatation, que son obligation n'est pas exécutée. Ce n'est pas à dire que la question des dommages et intérêts soit par la même tranchée, car il restera au débiteur la ressource de démontrer que cette inexécution ne lui est pas imputable et qu'elle a eu pour résultat de le libérer de l'accomplissement de son obligation; mais, nous l'avons vu, cette preuve est mise à sa charge et faute par lui de l'apporter, il sera condamné. En général au contraire le débiteur d'une obligation négative se trouvera dans une meilleure situation; il ne s'est engagé en effet qu'à faire son possible pour que tel ou tel évènement ne se produise pas, en un mot il s'est engagé à ne pas commettre de faute, il sera donc nécessaire pour démontrer son manquement à l'obligation de prouver l'existence d'une faute à sa charge. Sur ce point et quoique dérivant de deux sources qu'il ne faut pas confondre, l'obligation légale et l'obligation conventionnelle de cette seconde catégorie se confondent. La responsabilité ne peut dériver que de la preuve d'une faute.

M. Planiol a fait de ces idées une application très intéressante à la question de la responsabilité du patron, en cas d'accidents arrivés à ses ouvriers « on connaît, dit cet éminent jurisconsulte, l'argument dont on s'est servi contre le patron. Puisqu'il est tenu par le contrat de protéger son ouvrier par des précautions suffisantes, n'est-ce pas à lui de prouver, quand un accident se produit, qu'il n'y a pas eu faute de sa part? Et s'il ne peut fournir cette preuve, ne doit-il pas être déclaré responsable? On prétend que c'est la conséquence des principes généraux, et on croit le démontrer par un rapprochement. On compare les accidents industriels qui tuent ou blessent un homme aux pertes matérielles qui détruisent une chose. Si la chose aujourd'hui détruite, faisait l'objet d'un contrat le débiteur de cette chose n'est pas libéré sans condition : il doit prouver qu'il n'y a pas eu faute de sa part : « Le débiteur est tenu de prouver le cas fortuit qu'il allègue. » dit l'article 1302 dans un troisième alinéa. Et pourquoi est-il tenu de faire cette preuve? C'est qu'il était tenu contractuellement, et que sa responsabilité n'est pas purement délictuelle. Ne doit-il pas en être de même du patron, puisqu'il est tenu en vertu d'un contrat et non en vertu d'un quasi-délit?

L'assimilation est fausse et le raisonnement n'est pas concluant.

Les personnes dont on parle, commodataire, locataire, dépositaire, gagiste, voiturier, ne sont pas uniquement tenues d'être prudentes, de surveiller la chose et de la conserver. Elles sont en outre tenues de la rendre.

Or le patron n'a pas comme elles deux obligations, il n'en a qu'une. Il n'est pas tenu de rendre l'ouvrier sain et sauf à sa famille après l'achèvement des travaux, il n'est pas un assureur. Il est seulement tenu de ne pas compromettre sa sécurité par un défaut de précaution.

L'inaccomplissement de l'obligation du patron, même démontrée, ne suffit donc pas pour engager sa responsabilité, et l'ouvrier n'est pas dispensé de prouver que l'accident dont il a été victime a eu pour cause la négligence commise.

Pour arriver au renversement de la preuve, il faudrait établir une double présomption contre le patron, en vertu de laquelle, on admettrait, jusqu'à preuve contraire : 1° que le patron est en faute ; 2° que la faute commise par lui a causé l'accident (1). »

M. Glasson dit dans le même sens : « Lorsque je vous ai vendu un cheval, et qu'ensuite je ne vous le livre pas, je dois, pour échapper aux dommages et intérêts, prouver qu'il est mort par cas fortuit ; il est certain en effet dans ces circonstances que je n'ai pas rempli mon obligation de donner. Mais lorsque le patron a livré les instruments, il n'est pas établi à l'avance qu'il n'a pas exécuté son obligation. » (2)

Nous croyons cette solution absolument conforme aux principes. Quelle est en effet l'obligation que met le contrat de louage à la charge du patron en

1. Planiol, *Revue critique.* 1888.
2. Glasson. Le code civil et la question ouvrière.

ce qui concerne la vie et la santé de l'ouvrier ?
Le patron n'est certainement pas tenu, ainsi que le
fait remarquer M. Planiol, de rendre l'ouvrier sain
et sauf à lui-même ou à sa famille, il ne l'est pas davantage de lui garantir la sécurité, car il n'est pas
assureur, au moins dans notre hypothèse ; il promet seulement, dit M. Labbé que les cordages,
les instruments, les machines, tout le milieu arti-
ficiel qu'il fournit sont de bonne qualité, de bonne
fabrication, et bien entretenus ; en d'autres termes il s'oblige à ne pas devenir par suite de la mauvaise qualité du matériel, ou du personnel qu'il
emploie la cause d'un accident pour un de ses ouvriers. Il est clair en effet que l'ouvrier ne possède aucune action pour exiger de son patron un
matériel de telle ou telle qualité, il est également
certain qu'à moins de méconnaître une prescription
précise de la loi positive, le patron n'encourt aucune responsabilité, par le fait seul qu'il emploie
un matériel de qualité inférieure, et qu'il n'est engagé à rien de positif vis-à-vis de son ouvrier, tant
qu'un accident ne s'est pas produit ; et que ce n'est
que du jour où cet accident sera arrivé que le droit
de l'ouvrier contre son patron aura pris corps et aura
une formule déterminée.

D'ailleurs il est facile, nous semble-t-il, de faire
saisir combien les observations des deux savants

auteurs que nous avons cités plus haut sont justes.
L'accident peut avoir une toute autre cause, et souvent en fait il aura une autre cause que la faute active ou passive du patron; le matériel peut en effet
être de la meilleur qualité, toutes les précautions
dictées par la plus stricte prudence peuvent avoir été
prises, et néanmoins, l'ouvrier peut être victime
d'un accident, tel est le cas par exemple où un ouvrier, qui chargé de surveiller la marche d'un fourneau, reçoit une étincelle dans les yeux et perd la
vue ; il est bien certain que basant sa demande sur
une inexécution contractuelle, il devra commencer
par prouver cette inexécution (art. 1315 § 1) et pour
arriver à faire cette preuve il devra précisément établir l'existence d'une faute imputable au patron,
et cause de l'accident, puisque l'engagement pris
par ce dernier avait pour objet non pas telles ou
telles précautions déterminées, mais simplement les
précautions nécessaires pour que les accidents deviennent aussi rares qu'il est possible dans les conditions normales de l'industrie ; il ressort de là que
l'ouvrier devra établir que ces précautions n'ont pas
été prises, que le patron n'a pas tenu ses engagements, qu'il est en faute ; mais là ne se borne pas la
preuve qui lui est imposée, car bien qu'en faute le
patron peut n'être par la cause de l'accident, l'ouvrier devra donc encore démontrer le rapport de

cause à effet existant entre la faute du patron et le préjudice subi : Ce n'est pas précisément la faute en effet qui constitue le droit à la réparation mais comme dans les délits et quasi-délits c'est la faute dommageable.

La Cour de cassation de Belgique a consacré cette théorie, par un arrêt du 8 janvier 1886 rendu dans l'espèce suivante :

Le nommé Masy, garde-convoi au service des chemins de fer de l'Etat belge, était tombé sur la voie en circulant le long d'un train pour le récolement des coupons et était mort des suites de sa chute. Ses héritiers actionnèrent l'Etat belge en responsabilité ; se bornant à invoquer le contrat de louage de services, ils soutenaient qu'il est de l'essence de ce contrat que le maître doit garantir la sureté de l'ouvrier pendant l'accomplissement de son travail, et qu'en cas d'inexécution, la responsabilité de l'accident incombe au maître s'il ne parvient pas à établir qu'il procède d'une cause qui ne peut pas lui être imputée. Le Tribunal de Bruxelles débouta de leur demande les héritiers Masy par un jugement du 3 mai 1884. Il y était dit :

« Attendu, il est vrai, que, par le contrat de louage de services, le maître acquiert sur l'ouvrier un droit de contrôle, de direction et de commandement, que si à ce droit, correspond l'obligation de veiller à la sécurité de l'ouvrier pendant l'ouvrage, il n'y a et ne peut y avoir inexécution de cette obligation, de la part du maître, que s'il est démontré qu'il n'a pas pris toutes les précautions nécessaires pour préserver l'ouvrier des dangers inhérents au travail qui lui est imposé ».

Sur l'appel interjeté par les héritiers Masy, la Cour de Bruxelles confirma le 7 avril 1884 le jugement de première instance, déclarant que, « en s'engageant à veiller à la sécurité de l'ouvrier le maître ne peut jamais la lui garantir... qu'il est sans doute responsable de tout fait qui diminue la sécurité que l'ouvrier était en droit d'exiger... mais qu'il incombe à celui qui se prévaut de l'inexécution du contrat d'établir quelle est l'obligation que l'Etat a été en défaut de remplir ».

Sur pourvoi des héritiers Masy M. le premier avocat général Mesdach-de-ter-Kiele conclut au rejet du pourvoi, soutenant que, « de droit, le patron n'est pas tenu à la garantie de la sécurité vis-à-vis de ses ouvriers, et que l'action des demandeurs ne peut aboutir sans le secours de l'art. 1382 du Code civil ».

La Cour de cassation belge a jugé en ce sens, mais elle a donné à sa décision un autre fondement. La faute du patron dérive bien, selon la Cour, du contrat de louage, et non de l'art. 1382 ; mais c'est à l'ouvrier qu'il appartient d'en faire la preuve. La Cour de cassation base en effet sa décision sur les articles 1147 et 1315 § 1, du Code civil, passant complètement sous silence les art. 1382 et suivants :

« Attendu, dit la Cour que la décision de l'arrêt attaqué, en ce qui concerne la charge de la preuve, n'est qu'une conséquence légale et nécessaire de ce qu'il a statué quant à la garantie due par le maître à l'ouvrier ; que si le contrat intervenu entre l'état et Masy n'oblige le premier à répondre que de sa négligence ou de son imprévoyance, relativement à la sécurité de l'ouvrier pendant le travail, le maître ne manque à ses obligations que lorsque, par sa faute, un accident arrive à son ouvrier ; que dès lors l'arrêt attaqué devait, selon les articles 1147 et 1315 § 1 du Code civil, imposer à celui qui imputait à son cocontractant de n'avoir pas exécuté le contrat, le devoir d'en fournir la preuve : Rejette, etc ».

On voit de cette solution est bien celle à laquelle doit amener l'application pratique du système théorique que nous avons exposé plus haut,

Un jurisconsulte éminent, M. Laurent, a prétendu, quoique partant de l'art. 1382, arriver à une solution contraire à celle que nous venons d'exposer. Cette opinion ne présente qu'un intérêt théorique, mais nous avons pensé que le nom même de son auteur faisait que nous ne pouvions pas la passer sous silence.

Voici comment peut se résumer l'opinion proposée par M. Laurent :

Le législateur, dans les art. 1384, 1385 et 1386 du Code civil établit une présomption de faute contre certaines personnes, par ce fait qu'étant tenues de surveiller quelqu'un ou quelque chose, elles ont laissé un accident se produire par le fait de cette personne ou de cette chose.

Cette présomption entraîne, au point de vue de la preuve, une conséquence très grave. La personne chargée de surveillance est toujours présumée avoir manqué à ce devoir imposé par la loi, quant la chose ou la personne objet de la surveillance devient la cause d'un préjudice pour quelque étranger ; il résulte de là que la victime du dommage aura fait toute la preuve qui peut être exigée d'elle, quand elle aura établi l'existence de l'obligation de surveillance, l'événement du préjudice, et un fait quelconque de la personne ou de la chose en surveillance, qui soit la cause du dommage. On voit que dans un tel cas le demandeur n'est pas obligé de faire la preuve d'une faute.

L'art 1384 § 1 est ainsi conçu : « On est responsable non seulement du dommage que l'on cause par son propre fait, mais encore de celui qui est causé par le fait des personnes dont on doit répondre ou des choses que l'on a sous sa garde ». D'autre part l'art. 1386, faisant application de ce principe aux immeubles s'explique en ces termes : « Le propriétaire d'un bâtiment est responsable du dommage causé par suite du défaut d'entretien, ou par le vice de sa construction »:

« Or, dit M. Laurent que faut-il décider lorsqu'il s'agit d'une autre chose, par exemple d'une machine qui fait explosion ? Celui qui a la machine sous sa garde est-il présumé en faute ? S'il y a présomption le demandeur n'a rien à prouver sinon le fait du dommage, et c'est au défendeur à établir, s'il y a lieu, qu'il n'y a pas de faute à lui reprocher. Si, au contraire, il n'y a pas de présomption de faute, le demandeur devra prouver que le dommage a été causé par la faute de celui sous la garde duquel se trouvait la chose ».

L'auteur prévoit trois réponses possibles à cette question : *a*) On peut, comme le fait la jurisprudence et la généralité de la doctrine appliquer tout simplement l'article 1382, et par conséquent faire peser la charge de la preuve sur le demandeur. M. Laurent repousse cette opinion. *b*) Le droit à une réparation peut aussi trouver sa base dans l'article 1386, par analogie de ce qui est dit dans cet article relativement aux immeubles, et ici encore la charge de la preuve pèserait sur le demandeur, car, tout en admettant l'existence d'une présomption de faute contre le propriétaire de l'immeuble, le législateur dit cependant que la remise doit avoir pour cause le défaut d'entretien ou le vice de la construction. Il appartiendra donc au demandeur de prouver que la machine, l'outil, étaient de mauvaise fabrication ou mal entretenus. *c*) Mais l'art 1386 étant un texte spécial, peut-on bien l'appliquer en dehors de l'hypothèse précise qu'il prescrit. M. Laurent ne le pense pas, il lui semble au contraire que les termes généraux et largement compréhensifs de l'art. 1384 § 1, trouvent bien mieux leur place ici, or la machine qui en éclatant et l'outil qui en se brisant deviennent la cause d'un préjudice doivent être comptés au nombre des choses qui « sont sous la garde de leur propriétaire ». Il en résulte que la victime d'un tel accident n'aura jamais à démontrer pour établir son droit à une indemnité que le fait du préjudice éprouvé, et le rapport de cause à effet entre ce préjudice et le fait de la machine ou de l'outil ; par exemple je visite une usine et une courroie venant à se briser me blesse. Le patron, pour éviter de m'indemniser devra démontrer que l'accident est dû à un cas fortuit ou à une faute qui m'est imputable.

Ce système a peu de partisans, il se heurte en effet à des considérations qui le rendent difficile à admettre.

Et d'abord de l'aveu même de M. Laurent l'art. 1384 consacre une exception au principe général pris dans l'art. 1382, il n'est pas plus douteux qu'il déroge à ce principe de droit naturel : qu'on ne peut être responsable que de son propre fait. Cet article doit donc être interprété restrictivement ; or il saute aux yeux que le paragraphe premier de de l'article 1384 contient l'énoncé général d'une règle dont la suite de l'article et les deux articles suivants présentent l'explication et le développement, or l'article 1386 n'applique le principe qu'aux immeubles parce que seuls parmi les choses inanimées, ils ont paru devoir faire l'objet d'une telle présomption.

De plus, admettre l'idée proposée par M. Laurent aurait pour conséquence d'appliquer aux meubles inanimées un régime beaucoup plus sévère que celui qui est appliqué aux immeubles par l'art. 1386, qui n'aurait alors d'autre raison d'être que de rendre meilleure la situation du défendeur. Rien n'expliquerait une telle bizarrerie.

Voyons maintenant comment notre théorie pourra trouver son application dans le contrat de transport des personnes.

La situation de l'ouvrier placé par le contrat lui-même près d'une machine qui peut devenir pour lui la cause d'un accident a beaucoup d'analogie avec celle du voyageur qui, pour être transporté, doit nécessairement se confier à la compagnie, entrepreneur de transports, monter dans son matériel roulant, se laisser guider par des hommes qu'il ne connaît pas et qui sont entretenus par le voiturier.

Néanmoins une grande différence existe entre les deux situations. Cette différence consiste en ceci : Si l'on peut soutenir et je crois que telle est la vérité, que le patron s'oblige simplement à ne pas devenir par sa négligence ou son imprudence la cause d'un accident pour son ouvrier, il nous paraît au contraire très hardi d'en dire autant en ce qui concerne les compagnies de transport en cas d'accident arrivé aux voyageurs. On peut dire en effet que la sécurité du voyageur est une condition essentielle à l'exécution même du contrat, il existe en effet ici, non pas une obligation vague de sécurité, mais une créance précise de transport, or de même que le voiturier, qui transporte une chose n'accomplit son obligation qu'autant qu'il rend cette chose dans l'état où il l'a reçue ; de même et à plus forte raison, nous semble-t-il, en cas de transport des personnes, doit-il effectuer ce transport sans qu'aucun mal en puisse résulter pour le voyageur.

Ici, en effet, de même que dans tous les autres contrats, la volonté expresse ou tacite des parties est toute puissante ; or, dit M. Fromageot, « si celui qui confie un colis à un entrepreneur de transport, est présumé entendre que ce colis arrive sain et sauf à destination ; à plus forte raison en est-il de même de celui qui confie sa personne. »

De là il résulte que le fait seul de n'avoir pas transporté le voyageur sain et sauf est une preuve suffisante de l'inexécution de l'obligation acceptée par le voiturier, il restera bien à déterminer si cette inexécution pourra lui être imputée, mais il n'en sera pas moins certain, contrairement à ce qui se passe en matière d'accidents du travail, que l'existence du dommage entraine la preuve de l'inexécution ou tout au moins de la mauvaise exécution du contrat.

Mais ici se présente une question importante et qui est matière à difficulté :

Un accident s'est produit, un ou plusieurs voyageurs ont été blessés, des marchandises ont été détériorées, le voiturier devra incontestablement démontrer qu'aucune faute ne lui est imputable ; mais la preuve exigée de lui se borne-t-elle à cela, n'est-il pas au contraire tenu d'établir l'existence du cas fortuit ou de force majeure qui le libère ? En d'autres termes : le voiturier peut-il, sans démontrer le fait

lui-même constitutif du cas fortuit ou de force majeure, et lorsqu'il prouve l'absence de faits constitutifs de faute, tirer la preuve de ce cas fortuit des
circonstances mêmes de la cause?

La question présente un intérêt véritable surtout
en matière de transport des marchandises, et les
tribunaux ont dû plusieurs fois statuer sur des hypothèses analogues.

M. Sourdat nous rapporte deux de ces hypothèses
assez curieuses. Dans une première des marchandises ayant été chargées avec le plus grand soin et
d'après les usages admis; au milieu de la route,
alors que rien ni personne ne se trouvait auprès des
colis, que le conducteur marchait auprès de ses chevaux, le feu se déclara au centre même des marchandises; sans que rien pût indiquer la cause d'un
tel accident; la cour de Paris, appelée à statuer sur
ce cas répondit en ces termes :

« Attendu qu'il n'y a point de faute, ni encore
moins de fraude de la part du voiturier ; que le
chargement a été fait, suivant l'usage, en sa présence
mais par les gens du commissionnaire, et qu'on ne
prouve pas qu'il y ait rien changé ; que le feu a pris
subitement et spontanément au centre de la voiture..... Que la cause de l'incendie, comme l'ont déclaré les experts, est inconnue ; mais que ne procé-
dant pas du fait du voiturier, elle ne peut être re-

gardée que comme le résultat de la force majeure.... »

L'autre hypothèse est analogue à celle-ci, il s'a-
gissait dans l'espèce d'une barrique d'acide qui avait
éclaté sans qu'aucune cause pût être assignée à l'é-
vènement.

Si cette jurisprudence est basée sur une bonne interprétation de la loi, elle sera très avantageuse
pour les compagnies de chemin de fer. Relativement
à ces grandes compagnies de transport le législateur a en effet établi toute une série de prescriptions
qui ont pour but d'assurer autant que possible la
sécurité des voyageurs ; en cas d'accident il suffirait
dès lors à la compagnie de démontrer que ces prescriptions ont été accomplies, que toutes les mesures imposées ont été prises pour se décharger de
toute responsabilité.

M. Sourdat est tout à fait favorable à l'affirmative et il déclare qu'on n'obligera pas le voiturier
à établir toujours et d'une manière précise comment
et par quelle cause la perte est arrivée. » M. Larombière au contraire, parait hostile à cette manière
de voir et il dit : « Comme les cas de force majeure
libèrent le débiteur de tous dommages et intérêts,
c'est-à-lui de justifier que l'inexécution de son obligation provient d'une cause étrangère qui ne peut
lui être imputée, et qui l'a empêché de donner ou

de faire ce à quoi, il était obligé, ou l'a contraint, de faire ce qui lui était interdit. Cette preuve est mise à sa charge, par la raison que celui qui se prétend libéré, demandeur dans son exception, doit justifier le fait qui a produit l'extinction de son engagement. » D'ailleurs l'art. 1784 applique cette théorie au voiturier. Il nous semble donc conforme à la loi de décider que le voiturier pour se décharger de toute responsabilité devra démontrer le cas fortuit, ou de force majeure qui le libère. Ce cas fortuit pourra du reste fort bien être une faute imputable au voyageur.

CHAPITRE III.

Sur cette question, ainsi que celle de la preuve que nous venons d'étudier, nous devrons passer en revu de nombreuses opinions et nous nous efforcerons de faire voir quelle est celle qui présente le plus de vérité.

Nous l'avons vu au commencement de ce travail, la faute peut être volontaire ou involontaire, en d'autres termes l'inexécution de l'obligation légale et celle de l'obligation conventionnelle peuvent être dûes au dol ou à une simple faute du débiteur.

Il existe un point sur lequel presque tout le monde est d'accord : c'est qu'il est absolument interdit de se décharger par avance de l'obligation de réparer les conséquences dommageables du dol « parceque, dit M. Sainctelette, l'on ne peut pas à la fois vouloir et ne pas vouloir, vendre et ne pas vendre, donner et retenir, servir et trahir. »

D'ailleurs une telle convention sera infiniment rare dans la pratique, car il est probable que le

créancier, qui en général, pour recevoir une prestation de son cocontractant, s'est lui-même engagé à
lui donner quelque chose ou à lui rendre un service quelconque, consente à le libérer de toute espèce de responsabilité en cas de non exécution de
l'obligation ; la plupart du temps cette convention
de non garantie sera entachée d'erreur, de violence
ou de dol dans le sens de l'art. 1109 du Code civil.

Quelques auteurs ont cependant critiqué cette manière de voir et ils ont fait remarquer qu'en général une telle convention de non garantie cachera tout
simplement une libéralité faite par le créancier au
débiteur ; dès lors l'inéxécution de l'obligation cesse
d'être fautive et devient au contraire parfaitement
licite, car ce n'est pas un dol de disposer d'une chose
donnée.

Il pourra en effet se rencontrer des créanciers ori-
ginaux qui auront voulu faire une libéralité au débiteur en le dispensant de l'exécution de son obligation. Mais il faudra que cette volonté libérale soit
bien démontrée, car de deux choses l'une : ou bien
le créancier aurait pu faire directement la donation
supposée, et alors pourquoi présumer qu'il ait pris
un tel détour, ou bien la donation qu'il essaie d'effectuer ainsi, n'eût pas pu l'être directement, dès
lors elle est radicalement nulle et ne peut pas plus
valoir faite indirectement que faite directement.

Mais une fois écarté ce point presque universellement admis les controverses commencent sérieusement.

Un premier système commun à la jurisprudence et à une grande partie de la doctrine est exposé en ces termes par M. Sainctelette dans son livre: *Responsabilité et Garantie*.

L'auteur conçoit deux responsabilités absolument différentes suivant qu'elles ont leur source dans la loi ou dans la convention : « ce que la loi ordonne doit être fait, ce qu'elle défend ne peut l'être », c'est là un principe absolu. Aussi « les conventions contraires à la loi ne sont que des violations géminées de la paix publique ».

Au contraire « dans les contrats les volontés des parties contractantes sont toute puissantes » ; et si elles ne peuvent avoir pour effet d'écarter la responsabilité du dol, c'est pour les raisons que nous avons données plus haut et non pas seulement, ainsi que le prétendent certains auteurs, M. Larombière par exemple, parce que le dol a l'effet de transformer l'inexécution contractuelle en un délit civil entraînant la responsabilité du débiteur du chef de l'art. 1382. La jurisprudence semble également s'être rangée à ce système: un jugement du tribunal de Saint-Étienne reconnait à la disposition des art. 1382 et 1383 le caractère d'ordre public. Il est cependant certain, et je ne crois pas que les partisans de l'opinion que je viens d'exposer aillent contre cette affirmation, que lorsque le délit ou quasi-délit a été commis on peut parfaitement changer les règles relatives à la responsabilité encourue de ce chef. A ce moment, en effet, l'obligation existe, elle est la propriété des parties qui peuvent l'augmenter ou la diminuer à leur gré. La question difficile est celle de savoir si, avant même que le délit ait été commis, on peut, par une convention, déclarer qu'on entend se décharger de toute responsabilité relativement à un quasi-délit à venir.

C'est sur ce point en effet que se produit la discussion.

Un second système, presque abandonné aujourd'hui, soutenait que se décharger de la responsabilité de ses fautes, aussi bien dans les obligations conventionnelles qu'en dehors des contrats, est chose impossible et immorale.

Pardessus, parlant du voiturier dit, dans son *Traité du droit commercial* :

« Si les choses ont été annoncées au voiturier comme fragiles, il répond des fractures; il est encore reponsable des dommages arrivés par suite des avaries extérieures ou par le manque de soins ou d'attention de sa part, quand même il aurait déclaré ne pas vouloir en garantir la conservation, parce que nul ne peut stipuler qu'il ne répondra pas de ses fautes » (1).

Troplong, sur le même sujet, écrit dans son *Traité du louage* : « On peut demander si le voiturier pourrait puiser un autre moyen de défense dans une convention qui le déclarerait irresponsable pour fait de bris et de coulure.

M. Pardessus croit cette clause sans valeur ; car, dit-il, nul ne peut stipuler qu'il ne répondra pas de ses fautes et délits.

Je ne partage pas cette opinion dans toute son étendue.

Sans doute, toute convention qui affranchirait le voiturier des soins qui excluent la faute serait immorale et inadmissible, et je suis le premier à penser que le voiturier ne pourrait trouver son refuge dans un tel moyen. Oui, il faut le reconnaître, quels que soient les termes du contrat, la force majeure seule peut excuser, et s'il est prouvó que le bris et la coulure ont eu lieu sans force majeure, le voiturier devra indemniser l'expéditeur. »

Il existe dans l'esprit de ces auteurs une confusion entre la faute intentionnelle, ou autrement dit le dol, et la faute non intentionnelle, ou faute légère, qui présente une bien moins grande importance.

1. Pardessus, Traité du Droit commercial, II, 542.

Quoique attachée en général au système précédent, la jurisprudence paraît cependant admettre dans une certaine mesure la présente opinion en ce qui concerne le transport terrestre ou maritime des choses. Elle admet en effet qu'une compagnie de chemins de fer, qu'un armateur ne peuvent pas se décharger de la responsabilité de leurs fautes légères dans le transport des marchandises. Il est bien certain que nous prétendons parler ici de clauses de non-responsabilité librement acceptées par les parties, et non pas de clauses qui auraient été imposées aux chargeurs, comme cela se produit quand ces clauses sont inscrites sur des bulletins de bagage que le voyageur n'a même pas le temps de lire.

La jurisprudence, tout en niant la validité de telles clauses quant à l'effet même qu'elles devraient produire, leur reconnaît néanmoins le pouvoir de produire quelque effet ; elle en fait résulter une conséquence qui dans la pratique peut être assez intéressante.

L'introduction d'une telle clause dans le contrat de transport par terre ou par mer, a pour résultat, d'après la jurisprudence, non pas de décharger le voiturier de la garantie de ses fautes légères, mais d'entraîner un renversement de la preuve, de telle sorte qu'en cas de perte ou d'avaries des choses transportées ce serait au chargeur qu'il appartiendrait de démontrer l'existence d'une faute imputable au voiturier, tandis que d'après le droit commun compris dans l'art. 1784 Code civil, il devait lui suffire de démontrer l'existence du contrat de transport et le fait de la perte ou de l'avarie.

Il faut avouer que cette solution peut paraître bizarre. On comprend en effet que la clause de non garantie produise l'effet qu'elle doit produire, on conçoit également qu'elle soit nulle et qu'elle ne produise aucun effet, ou encore qu'elle ne produise qu'un effet limité, mais il nous parait absolument arbitraire de lui faire produire un effet quant à la preuve.

Troplong a essayé de démontrer que cette solution était très naturelle.

« Qui, se demande-t-il, prouvera la force majeure? Sera-ce le demandeur en nullité de la convention ou le voiturier? C'est ici le point faible et incomplet de l'opinion de M. Pardessus. Car enfin, que prétend le demandeur. Que la convention est nulle, parce qu'elle affranchit le voiturier de la responsabilité de sa faute? Mais le voiturier ne soutient pas qu'elle est valable sous cette couleur. Il consent à répondre de sa faute ; mais il dit que c'est à son adversaire à prouver qu'il a été négligent ; car il est demandeur en nullité, et, pour prouver la nullité du traité, ou l'inutilité de la convention, il faut qu'il arrive jusqu'à établir que ce n'est pas la force majeure qui a causé l'avarie. »

M. Troplong suppose tout simplement que le voiturier a dit tout le contraire de ce qu'il voulait dire, et qu'il s'est reconnu responsable de sa faute, alors que précisément il exprime l'intention d'être déchargé de cette responsabilité.

Nous pensons qu'il serait difficile de justifier une telle solution en raison, ce sont plutôt des questions de fait qui ont pu pousser la jurisprudence à s'établir en ce sens. Les transports, tant par mer que par terre, sont effectués aujourd'hui en France presque exclusivement par de grandes compagnies qui, en fait ou en droit, jouissent d'une sorte de monopole. C'est à cause de cette situation spéciale que l'on juge dangereux de leur reconnaître le droit de se décharger de la responsabilité des fautes qu'elles ont pu commettre dans l'exécution de leurs contrats. Mais nous croyons qu'une question de fait ne peut jamais tenir en suspens une question de droit, et que, du moment que l'on ne stipule pas l'irresponsabilité des conséquences de son dol ou de sa faute lourde, une telle stipulation, en tant qu'elle ne concerne que les fautes non intentionnelles est parfaitement valable, tout au moins en ce qui concerne la matière des contrats.

Un autre système va encore beaucoup plus loin

que cela; il est proposé par les meilleurs esprits ; nous l'aurons prouvé quand nous aurons nommé MM. Lyon-Caen et Labbé.

D'après ces auteurs « la clause d'affranchissement des fautes non intentionnelles serait valable sans distinction ».

On doit distinguer, d'après M. Lyon-Caen (Sirey, 1887, p. 121 et suiv.) trois fautes : 1° Le dol, 2° la faute lourde, assimilée au dol, 3° enfin la faute légère.

Si dans aucun cas on ne peut le décharger du fardeau de la responsabilité de sa faute lourde ou de son dol, on ne voit au contraire aucune raison sérieuse qui doive faire prohiber dans un cas et permettre dans l'autre l'emploi de clauses élisives ou limitatives de la responsabilité quand on se trouve en matière de faute légère. Il existe au contraire de nombreuses raisons de se décider dans l'autre sens.

Nous l'avons vu, le système le plus généralement suivi admet parfaitement la légitimité de telles clauses en matière contractuelle ; reste donc à établir cette légitimité lorsque l'on se trouve en présence d'un manquement ou plutôt de la prévision d'un manquement qui constitue un quasi délit.

Avant tout posons l'hypothèse. Ceci n'est peut-être pas la partie la plus facile de notre tâche, étant donné que nous n'admettons pas qu'une conven-

tion puisse devenir la cause occasionnelle d'un délit
ou d'un quasi délit, car ainsi que le fait remarquer
très-justement M. Labbé : « presque toujours la responsabilité délictuelle existe entre tiers, entre personnes qui n'ont pas eu de relations antérieures entre elles. Comment imaginer une convention préala-
ble à un rapport soudain et fortuit ». Nous croyons
cependant que l'espèce peut se construire.

M. de Courcy, avec son esprit ingénieux, nous
en donne la preuve : « J'ai le droit, dit-il, de stipuler avec mon...... voisin que je ne l'indemniserai
pas des dégâts de mes lapins. La convention, qui
est fréquente, est parfaitement licite et doit être res-
pectée. Oui, tant que je ne dénaturerai pas, par
mon fait, les conditions normales, prévues de la
convention. Mais si le lendemain de la signature,
quand mon voisin aurait compté sur la continuation
d'habitudes modérées, je répandais dans mon bois
mille lapins qui ravageraient toute la récolte, la convention ne me protégerait plus, je l'aurais fraudée.
Cela n'empêcherait pas qu'elle n'eût été en elle-
même parfaitement licite ».

Nous pouvons dans le même ordre d'idées construire de nombreuses hypothèses et supposer une
foule d'espèces dans lesquelles on pourra supposer

1. *Annales du droit commercial* 1886-1837 p. 187.

l'existence d'une convention ayant pour but d'exonérer de la responsabilité quasi délictuelle, sans
que pour cela « la convention supposât la prévision
d'une imprudence, et sans que par conséquent par
cette préméditation, l'imprudence changeât presque
do caractère et vînt à acquérir une inquiétante
gravité ».

Deux voisins peuvent parfaitement stipuler par
exemple qu'ils ne se paieront aucune indemnité
pour les dégâts qu'ils pourront éprouver par le fait
de leurs bestiaux.

De même je puis parfaitement m'entendre avec
mon voisin pour n'être pas inquiété à propos des
dégâts que pourront commettre mes chiens ou moi-
même en chassant. Nous pensons en un mot que de
telles clauses peuvent intervenir et sont parfaitement
valables toutes les fois que la prévision du délit
possible est susceptible d'être suffisamment précisée
pour faire l'objet d'un contrat, à la condition, bien
entendu, que l'on reste dans la bonne foi.

Maintenant que nous avons montré que l'hypothèse peut être construite et qu'elle ne correspond
nullement à une idée chimérique voyons par quels
arguments peut se justifier notre théorie.

Tout d'abord la liberté des conventions est un
principe absolu tant qu'il n'est porté atteinte ni
à l'ordre public ni aux prescriptions du législateur.

Il est impossible de soutenir qu'une telle convention soit illicite, aucune loi ne l'a jamais interdite, serait-elle contraire à l'ordre public ? nous ne le croyons pas non plus, car il faut bien faire la distinction entre les prescriptions qui préviennent une *publicà lœsio* et celles qui sauvegardent *rem familiarem*. Cette distinction déjà faite par Ulpien paraît très juste. Seules les prescriptions qui préviennent une *publica lœsio* sont d'ordre public, et encore sur ce point faut-il faire une distinction que nous indiquerons tout à l'heure.

Celles, au contraire, qui sauvegardent *rem familiarem* nous semblent être d'ordre privé ; si en effet, elles créent un devoir à la charge du débiteur, elles créent aussi un droit au profit du créancier, et nous ne voyons aucune raison pour défendre à ce dernier d'y renoncer envers une personne déterminée par une convention antérieure au délit. Il est difficile de comprendre ce que l'ordre public vient faire ici, et en quoi il est intéressé à ce que de telles conventions, qui ne peuvent, ainsi que toutes les conventions, produire effet qu'entre les parties, soient annulées.

M. Labbé, exposant cette théorie, nous dit : « Si du délit civil nous nous élevons au délit criminel, au fait punissable, la question change d'aspect, les deux hypothèses ne doivent pas être confondues, »

Cela est très exact, mais ainsi que nous le disions plus haut, une distinction nous semble s'imposer :

Il est bien évident qu'aucune convention ne pourra paralyser l'action publique; mais ne pourra-t-elle pas décharger le délinquant des dommages et intérêts qu'il a pu encourir ?

Nous avouons que dans beaucoup de cas la question ne présentera que peu d'intérêt, car le délit criminel suppose en général l'intention de nuire, et dès lors décharger le délinquant de l'obligation des dommages et intérêts que sa faute peut lui faire encourir, serait le décharger par avance de l'obligation de réparer les conséquences dommageables de son dol, ce qui, nous l'avons vu plus haut, est interdit. L'intention de nuire n'est cependant pas toujours un élément nécessaire du délit criminel ; l'homicide par imprudence et les coups et blessures involontaires, sont des délits au sens du droit pénal, qui, leurs noms l'indiquent, sont exclusifs de l'intention de nuire.

Dans de telles hypothèses, peut-on se décharger par avance au moyen d'une convention de l'obligation de payer les dommages et intérêts que pourra entraîner la réparation civile du délit?

M. Labbé répond négativement; nous nous permettrons de critiquer cette solution ; en effet, dans notre cas, à côté de la *publica lœsio*, à propos de laquelle nulle convention ne peut produire effet, il existe la *res familiaris*, l'intérêt privé, qui comprend la fixation des dommages et intérêts. Cette fixation étant la propriété exclusive des parties, elles peuvent la traiter comme elles l'entendent, même antérieurement au fait délictueux.

La solution proposée par M. Labbé se comprendrait et se comprenait fort bien en droit romain, et elle a bien été proposée par le jurisconsulte Ulpien ; mais cela tenait à ce que dans cette législation les deux idées d'action publique et d'action civile étaient presque toujours confondues dans une seule et même formule.

Mais aujourd'hui, dans nos législations modernes, ces deux idées sont bien nettement séparées, et complètement délimitées, et si elles peuvent être intentées quelquefois pour un même fait devant un seul tribunal, elles ne sont cependant jamais confondues. Il résulte de là, à notre sens, qu'aucune analogie ne peut être établie sur ce point entre le droit romain et le droit français, et qu'en somme, tant que nous nous trouvons sur le terrain de la bonne foi, il n'existe aucune bonne raison pour traiter plus sévèrement, quant à l'obligation de réparation civile, celui qui sans le vouloir, par étourderie a commis un acte tombant sous le coup de la loi pénale, que celui qui a eu la chance d'échapper à une telle responsabilité.

En dehors de la question que nous venons de traiter, les jurisconsultes romains paraissent bien, eux aussi, avoir admis que la clause de non garantie des fautes non intentionnelles étaient valables sans distinction. Ulpien dit en effet à ce propos : *Hoc servabitur quod initio convenit, legem enim contractus dedit, excepto eo, non valere si convenerit ne dolus præstetur : hoc enim bonæ fidei judicio contrarium est.* Cette considération a, dans notre matière, une importance toute particulière, car, comme le fait remarquer très-bien M. Lyon-Caen : « tout au moins en matière d'obligations (les jurisconsultes romains) avaient trouvé la plupart des grands principes qui sont la base rationnelle des législations modernes. »

Dans son remarquable travail. « Le code civil et la question ouvrière. » M. Glasson, après avoir indiqué que les partisans de la doctrine de la responsabilité contractuelle du patron en cas d'accidents du travail, prétendent généralement en tirer comme conclusion le renversement de la preuve, ajoute : « Par d'autres côtés cette seconde doctrine est fort utile au patron, et presque désastreuse pour l'ouvrier... En effet, s'il s'agit d'une faute contractuelle et non pas d'un délit civil, les patrons ont incontestablement le droit, par des stipulations formelles, de limiter leur responsabilité et même de la supprimer entièrement. Il n'est pas permis d'échapper à l'application de l'article 1382 ; rien n'est plus licite au contraire que de stipuler dans un contrat, la clause de non garantie ou de non responsabilité. »

Si on admet notre théorie, et je crois que seule elle est conforme aux principes, cette difficulté disparaît, et, à ce point de vue du moins, l'admission de la théorie de la responsabilité contractuelle du patron, si elle n'améliore pas la position de l'ouvrier n'a au moins pas pour résultats de l'empirer. De deux choses l'une en effet, ou bien avec M. Labbé et avec MM. Sanctelette et Sauret, on pense qu'en aucun cas le patron ne peut être autorisé à se décharger par une convention de l'obligation de réparer les accidents survenus aux ouvriers pendant l'exécution du travail (1) ou bien on soutient, ainsi que nous le faisons, qu'une telle clause est aussi licite dans le système de la jurisprudence française que dans celui de la jurisprudence belge et de MM. Sanctelette et Sauret.

Même solution doit être donnée, nous semble-t-il, dans le cas où il s'agit d'accidents arrivés dans l'exé-

---

1. Cette doctrine nous paraît inadmissible, elle repose en effet sur un argument de sentiment, ce qui n'est pas suffisant pour étayer une théorie juridique.

cution du transport de personnes. Mais nous reproduirons ici la remarque faite par nous à propos de la clause de non garantie insérée dans le contrat de transport des choses : pourque cette clause puisse produire un effet, il serait nécessaire qu'elle fût clairement acceptée par les voyageurs, et qu'elle ne fût pas seulement inscrite sur un billet ou même sur un affiche portant d'autres renseignements.

Nous ajouterons que si jamais les grandes compagnies de transport terrestre ou maritime inséraient une telle clause dans leurs contrats, il serait du devoir du législateur d'intervenir ; mais il nous semble que lui seul pourrait valablement interdire une teille façon d'agir et qu'en tout cas l'autorité judiciaire n'aurait aucunement qualité pour cela.

CHAPITRE IV

DOMMAGES ET INTÉRÊTS.

Nous l'avons dit, la faute a comme corollaire né-
cesaire la responsabilité et par conséquent l'obligation de réparer le dommage causé ou autrement dit
de payer des dommages et intérêts.

Sur la question des dommages et intérêts, nous
examinerons deux points.

I. Pour quelle faute il est dû réparation.

II. Calcul du montant des dommages et intérêts.

I.

L'article 1382 dit : « *Tout fait quelconque* de l'homme
qui cause à autrui *un dommage*, oblige celui par la
faute duquel il est arrivé à le réparer. » C'est indiquer
clairement que du moment qu'il existe un dommage,
conséquence d'une faute tant légère soit-elle, il doit
être réparé. Le législateur ne distingue pas de degrés dans cette faute, du moment qu'elle existe elle

peut servir de principe à la réparation entière du préjudice. Ce n'est pas en effet à la faute commise mais au préjudice causé que doit être proportionnée la réparation. Cependant certains auteurs, et à une certaine époque la jurisprudence a paru incliner dans ce sens, voulaient que la gravité de la faute exerçât une influence sur la qualité des dommages et intérêts, en ce sens que lorsque l'auteur du dommage n'avait qu'une faute d'une grande ténuité à se reprocher, une simple imprudence, par exemple, les juges devaient atténuer les conséquences de la responsabilité : « Attendu, dit un arrêt de Liège de 1810, 20 février, que le malheur arrivé n'étant que le résultat d'une imprudence légère, qui se rapproche beaucoup du cas fortuit, il y a lieu d'arbitrer les dommages et intérêts à une somme modique. »

Je crois cette solution inexacte, car dans cette matière il s'agit d'une réparation et non pas d'une peine. et quoique peu grave, du moment qu'elle existe, la faute suffit pour créer le droit à la réparation complète. C'est ce que les Romains exprimaient par cette phrase célèbre « *In lege Aquilia et levissima culpa venit* ».

Du principe que nous venons de poser il résulte qu'il importe peu de savoir si la faute est intentionnelle ou non, le dol en général ne donne pas lieu à une responsabilité plus grande que la simple faute au point de vue civil. Nous verrons qu'il en est tout autrement en matière d'obligation contrac tuelle.

La théorie de la prestation des fautes en matière d'obligations contractuelles se trouve dans l'article 1137 du Code civil qui est ainsi conçu : « L'obligation de veiller à la conservation de la chose, soit que la convention n'ait pour objet que l'utilité de l'une des parties, soit qu'elle ait pour objet leur utilité commune, soumet celui qui en est chargé à y apporter tous les soins d'un bon père de famille. »

Cette obligation est plus ou moins étendue relativement à certains contrats, dont les effets à cet égard sont expliqués sous les titres qui les concernent.

On est d'accord pour reconnaître que cet article qui par sa rédaction et la place qu'il occupe dans la section II du chapitre III du titre III intitulée, « de l'obligation de donner » semble ne devoir s'appliquer que dans les hypothèses où il s'agit d'un *dare*, doit être étendue aux obligations de faire et même à celle de ne pas faire :

Mais une fois mis de côté ce point sur lequel on se met à peu près d'accord, cet article donne lieu à de grande controverses.

Et tout d'abord l'art. 1137 établit-il une théorie

des fautes, en matière contractuelle ? On l'a nié, on a dit que tout étant question de fait en cette matière, une telle théorie serait plus dangereuse qu'utile. Je ne m'arrêterai pas à réfuter cette opinion qui se heurte aux termes même de l'art 1137, à ceux des articles 1374, 1927, 1928, 1992 qui tous supposent l'existence d'une théorie des fautes.

La théorie de la prestation des fautes existe donc, mais comment est-elle organisée par l'art. 1137. Voilà où commence réellement la controverse :

Les anciens jurisconsultes du droit intermédiaire se basant sur ce qu'ils croyaient être l'enseignement du droit romain, divisaient les fautes en trois catégories : 1° Faute lourde ; 2° Faute légère ; 3° Faute très légère ; correspondant à cette division tripartite des fautes ils avaient établi une triple distinction dans les contrats.

Dans une première catégorie. ils plaçaient ceux dans lesquels le débiteur n'avait aucun intérêt, dépôt, prêt sans intérêts etc, etc. Dans les contrats de cette sorte du moment que le débiteur s'abstenait du dol et de la faute lourde, on ne pouvait rien lui reprocher.

Dans une seconde catégorie étaient comprises les conventions dans lesquelles les deux parties, créancier et débiteur, avaient des intérêts réciproques pour satisfaire à son obligation, le débiteur ne devait pas seulement éviter le dol et la faute lourde, mais il devait encore agir en bon père de famille, c'est-à-dire ne se rendre coupable d'aucune faute légère.

Enfin, dans la troisième catégorie, on rangeait les conventions qui étaient entièrement à l'avantage du débiteur qui dans ce dernier cas était tenu même de sa faute très légère.

Pour réfuter ce système il suffira de rappeler ce que nous avons déjà indiqué dans notre thèse romaine à savoir que ce système n'a jamais été celui des jurisconsultes romains.

L'admettre serait d'ailleurs supposer une singulière incohérence dans les idées des rédacteurs du Code, qui dans le § 2 de l'art. 1137, avaient détruit la règle qu'ils avaient posée dans le § 1. Mais les partisans de ce système ne reculent pas devant cette objection et M. Duranton s'exprime ainsi : « Le véritable principe de la matière se trouve donc non dans la première partie de l'article, mais dans la seconde, qui paraît cependant n'être qu'une modification de l'article lui-même » (1). Mais je trouve que cette seule objection suffit cependant pour faire rejeter le système. Nous avons d'ailleurs, dans la première partie de cette thèse, cité un passage de

1. Duranton, X, n° 408.

Bigot de Préameneu qui indiquait expressément que l'idée des rédacteurs du Code était de rejeter la théorie des trois fautes et il disait : « Cette division des fautes est plus ingénieuse qu'utile dans la pratique ». Et Malville, encore plus précis, ajoutait : « La première partie de l'art. 1137 abroge la distinction que faisaient les Romains entre les diverses espèces de contrats, pour savoir dans quels cas le débiteur n'était tenu que du dol et de la faute grossière, dans quels autres il est tenu de la diligence ordinaire d'un bon père de famille ; et enfin dans quels autres il était tenu du plus grand soin, ce que l'on distinguait par les mots : *culpa lata, levis, levissima.*

M. Alban d'Hauthuille rejette la théorie des trois fautes. Pour lui en dehors du dol il n'existe que deux degrés de faute et voici en quels termes il établit sa distinction : « Il y a deux espèces de diligence, la diligence *in abstracto*, c'est-à-dire celle qui est habituelle à l'homme attentif et soigneux qui fait usage, dans l'administration de ses affaires, de toute l'intelligence qui lui a départie la nature, et la diligence *in concreto*, c'est-à-dire celle qui est habituelle à la personne responsable.

Il n'y a que deux degres de faute : la faute lourde et la faute légère. La faute légère correspond à la diligence *in abstracto* : c'est une déviation de cette diligence. La faute lourde correspond non moins exactement à la diligence *in concreto*, car d'un côté, c'est toujours faute lourde que d'être plus négligent pour autrui que pour soi, et d'un autre côté la faute lourde *in abstracto*, que les Romains définissaient par ces termes ; *non intelligere quod omnes intelligunt*, est toujours nécessairement une faute *in concreto*, car il n'est pas d'individu dont la dilligence usuelle comporte l'habitude de pareilles fautes.

Il n'y a que deux degrés de prestation : dans tous les contrats on est tenu de l'une ou l'autre espèce de diligence, on est responsable de l'un ou l'autre degré de faute.

Tout cela se réduit à traduire ainsi l'art. 1137 : « Dans tous les contrats sans distinction, la diligence est exigée, mais elle s'estime tantôt *in abstracto*, tantôt *in concreto*, selon la nature des divers contrats ».

Mais comment dans la pratique appliquer ce double type de diligence et de faute ? Il faut, d'après l'auteur, diviser les contrats en deux classes : d'un côté ceux dans lesquels le débiteur a un intérêt personnel dans l'affaire, il importe peu d'ailleurs de savoir si cet intérêt du débiteur correspond ou non avec un intérêt du créancier ; de l'autre côté les contrats dans lesquelles le débiteur n'agissant que pour rendre service ne peut tirer aucun avantage de l'exécution du contrat.

Dans les contrats de la première classe, le débiteur doit apporter dans l'exécution de son obligation les soins d'un bon père de famille, et s'il ne le fait pas il est en faute. Dans les contrats de la seconde classe, au contraire, le débiteur n'est tenu d'être diligent qu'*in concreto*.

Le côté par lequel ce système est surtout original, est le suivant : M. Alban d'Hauthuille considère que les mots : « les soins d'un bon père de famille » sont synonymes du mot diligence, et ces soins peuvent être appréciés *in abstracto* ou *in concreto*. »

On peut faire à ce système des objections assez graves pour le rejeter. Et d'abord, comment se fait-il que dans deux textes où d'après les principes posés plus haut la diligence doit être appréciée différemment, je veux parler des articles 450 et 1728 dont l'un s'occupant des soins que doit apporter le tuteur dans l'exécution de son mandat, et l'autre des soins que le preneur doit apporter à la conservation de la chose, louée, pourquoi, dis-je, la loi emploie-t-elle les mêmes termes, « agir en bon père de famille » tandis que dans un autre texte qui prévoit les soins que le dépositaire doit apporter à la conservation de la chose déposée le législateur s'exprime d'une façon absolument différente: art. 1927 :

« Le dépositaire doit apporter, dans la garde de la chose déposée, les mêmes soins qu'il apporte dans la garde des choses qui lui appartiennent. »

Or M. Alban d'Hauthuille, et en cela il est conséquent avec son point de départ, regarde que le tuteur comme le dépositaire n'est tenu que de sa faute *in concreto*, tandis que le preneur, dans le contrat de louage, est tenu de sa faute *in abstracto*. D'où vient donc que le législateur confonde à ce point les idées, c'est évidemment que cette théorie n'est pas celle du législateur.

Ensuite, ainsi que le font remarquer très justement MM. Aubry et Reau. « L'expression bon père de famille ayant toujours été prise, dans le langage juridique, pour désigner ce que la loi 25. D. *de prob. et præs.* (22,3) appelle *homo diligens et studiosus paterfamilias*, il faut admettre que les rédacteurs du Code, en se servant de cette expression, lui ont conservé la même signification.

Le seul système qui, à mon avis, donne la vraie pensée du législateur, est celui que proposent MM. Aubry et Rau.

En principe, tout débiteur est tenu d'apporter, dans l'exécution de son obligation, la diligence d'un bon père de famille. ce mot étant entendu dans le sens que lui attribue la loi 25 citée plus haut, mais le § 2 de l'art 1137 nous indique qu'il peut exister des dérogations à ce principe général, mais ces dérogations ne pourront résulter que de textes précis.

De cet exposé de principe il résulte que la prestation ne peut être uniquement du dol et de la faute grossière qui lui est assimilée; on est toujours responsable d'une certaine diligence.

Nous admettons aussi que dans les contrats le débiteur ne peut pas être tenu de la diligence du père de famille le plus diligent, en d'autres termes qu'il ne peut pas être responsable de sa faute très légère. M. Colmet de Santerre admet cependant que l'art. 1882, en obligeant l'emprunteur d'une chose, a sacrifier la sienne propre pour sauver celle de son prêteur, oblige cet emprunteur à la diligence qui correspond à la faute très légère. Je ne pense pas cependant que l'art. 1882 doive être interprété dans ce sens; je crois qu'il prévoit une hypothèse spéciale, et que nous nous trouvons en présence d'une décision toute spéciale qui n'a rien à faire avec la théorie des fautes, et qui s'explique par la tradition romaine: la règle de l'art. 1882 est en effet empruntée à la loi 5 § 4 D. *commodati* (XIII. 6). D'ailleurs, en juger autrement serait mettre l'art. 1882 en contradiction formelle avec l'art. 1880 qui dit: « L'emprunteur est tenu de veiller en bon père de famille à la garde et à la conservation de la chose prêtée. »

Mais le législateur dans aucun cas, sauf celui de convention expresse, cas que nous devons toujours réserver, n'a entendu obliger le débiteur à agir avec plus de prudence que le bon père de famille ordinaire ; il est bien certain que dans certaines hypothèses spécialement favorables il a trouvé qu'imposer une telle diligence était excessif, ou plutôt ne serait pas rationnel.

Il y a dans le code civil trois textes qui appliquent cette solution.

Le premier, l'art. 804, s'applique à l'héritier bénéficiaire, qui, nous dit le texte : « n'est tenu que des fautes graves dans l'administration dont il est chargé ». Il nous paraît d'ailleurs certain que l'art. 804 ne dit pas ce qu'il semble dire, nous croyons en effet que l'héritier bénéficiaire est responsable dans son administration non pas seulement de sa faute grossière mais encore de toute faute qu'il n'a pas coutume de commettre dans l'administration de ses propres affaires, car s'il agissait autrement il manquerait de bonne foi, c'est bien l'idée de Pothier, qui nous dit: « l'on exige de l'héritier bénéficiaire de la bonne foi dans cette administration, et l'on n'exige pas de lui d'autre diligence que celle dont il est capable et qu'il a coutume d'apporter à ses propres affaires ».

Le second texte est l'art. 1927 qui nous dit « le

dépositaire doit apporter, dans la garde de la chose déposée, les mêmes soins qu'il apporte dans la garde des choses qui lui appartiennent ».

Pour nous cette règle est la même que celle de l'art. 804, et il nous semble que cette dérogation est due à une double raison ; d'abord l'héritier bénéficiaire et le dépositaire se trouvent dans une situation particulièrement favorable. Ensuite les biens qui leur ont été confiés sont placés parmi leurs propres biens et dès lors il est naturel qu'ils aient pour tous le même soin.

Le troisième texte est l'art. 1992 §2 qui nous dit : « Néanmoins la responsabilité relative aux fautes est appliquée moins rigoureusement à celui dont le mandat est gratuit qu'à celui qui reçoit un salaire ». La seule remarque que je veuille faire sur ce point c'est que rien n'autorise ici à dire comme l'ont fait certains auteurs : que lorsque le mandat est gratuit le mandataire n'est tenu que de la diligence *in concreto* tandis que lorsque le mandat est salarié il est tenu de la diligence *in abstracto*. Non ! dans tous les cas le mandataire est tenu d'agir en bon père de famille, mais comme ce type de diligence idéal est susceptible de présenter des degrés le juge devra être moins sévère dans un cas que dans l'autre.

Telle nous paraît être la théorie du code civil.

Pour nous résumer sur cette question et montrer

en quelques mots quel est son intérêt au point de vue spécial qui nous occupe, disons :

D'une part en ce qui concerne les délits et quasi délits responsabilitéde la moindre faute, et réparation entière du dommage due pour la moindre faute aussi bien que pour le dol le plus perfidement ourdi.

D'autre part en ce qui concerne les contrats, la diligence d'un bon père de famille suffit pour mettre le débiteur à l'abri de toute faute, la loi admet même dans certains cas une atténuation de cette règle générale.

Cette différence est très rationnelle.

Lorsque le dommage est la conséquence d'un délit, la réparation estdûe entièrement pour la moindre faute parce que la victime avait droit au respect absolu de son droit, et que d'ailleurs nous supposons qu'elle n'avait aucune faute à se reprocher.

Lorsque au contraire le dommage a été causé par une inexécution contractuelle, les deux parties étaient d'accord avant l'évènement de la faute, et le créancier devait en contractant prévoir l'inexécution de l'obligation et se rendre compte que son débiteur ne devait pas être plus diligent que la généralité des autres hommes.

II

Calcul du montant des dommages et intérêts.

Supposons que l'existence de la faute est reconnue, que la responsabilité de l'auteur du délit ou du débiteur est établie, dans quelle mesure devra être réparé le dommage causé, ou autrement dit comment devront être calculés les dommages et intérêts ?

Il y a là une question de fait plutôt qu'une question de droit ; cependant le législateur a posé des principes dont le juge devra tenir compte dans sa sentence.

Avant tout, et en tous cas les dommages et intérêts devront comprendre le *damnum emergens* et le *lucrum cessam* (art. 1149).

Quoique édictée à propos des obligations conventionnelles cette règle est générale et s'applique aussi bien aux délits qu'aux contrats. Mais ici la similitude cesse entre les deux grandes sources d'obligations.

Dans les deux hypothèses le droit à une réparation a une base différente, il est donc tout naturel que l'étendue même de cette réparation varie également.

Et d'abord nous nous trouvons en présence d'un délit ou d'un quasi délit.

L'ordre public a été troublé, un désordre s'est produit il doit être réparé entièrement.

Pourquoi défendrait-on en effet à celui qui, contre son gré et sans aucune imprudence de sa part, dans l'exercice de son droit sauvegardé par la société, est devenu créancier, d'exiger tout ce qui régulièrement lui est dû? A quel titre relèverait-on le débiteur de quelqu'une des conséquences de sa faute?

C'est ce que M. Demelombe exprime très bien en ces termes: « Il ne s'agit pas ici, dit le savant auteur, de rechercher quelle a été la commune intention des parties, comme c'est la mission du juge dans la matière des obligations conventionnelles.

De convention il n'y en a pas.

Ce qu'il y a seulement c'est un fait dont la mission du juge est d'apprécier le caractère et les conséquences, eu égard aux variétés infinies sous lesquelles il peut se présenter, et qu'il était bien impossible que le législateur entreprît de prévoir. »

Il faut donc dans une telle circonstance s'en rapporter aux juges qui auront à apprécier le fait et à mesurer le dommage qui en sera résulté et qui dans cette matière feront vraiment l'office de jurés.

Toute différente est la situation lorsque le dom-

mage est la conséquence d'une inexécution contractuelle, car dans ce cas, ainsi que le fait remarquer
M. Demolombe dans l'extrait cité plus haut, l'obligation est issue de l'accord des volontés des contractants, qui sont sortis du droit commun l'un
vis-à-vis de l'autre en ce qui concerne leur opération
juridique.

Le débiteur en s'engageant à donner à faire, ou à
ne pas faire quelque chose, s'oblige non seulement à
accomplir la prestation elle-même mais encore à réparer le dommage qui pourrait résulter de l'inexécution de l'obligation imputable à sa faute. Il est facile dès lors de comprendre quel est le motif qui a
dicté les termes de l'art. 1150 : « Le débiteur n'est
tenu que des dommages et intérêts qui ont été prévus, ou qu'on a pu prévoir lors du contrat, lorsque
ce n'est point par son dol que l'obligation n'est point
exécutée ». Obliger le débiteur qui s'est rendu coupable d'une simple faute à une réparation plus complète que celle que prévoit l'art. 1150, serait lui imposer en vertu du contrat une responsabilité qu'il
n'a certainement pas pu entendre assumer puisque
l'évènement qui a été cause du dommage était absolument impossible à prévoir au moment où s'est
formée la convention. Or la volonté présumée des
parties étant la base de toute législation en matière

de conventions il en résulte que l'art. 1150 est tout
a fait conforme à la raison.

Dumoulin nous donne un exemple de ces cas imprévus dont le débiteur ne répond pas. Le charpentier qui pour soutenir une maison en construction
a fourni de mauvais étais, est responsable de la
chute de la maison, mais à supposer que le propriétaire ait, à l'insu du charpentier, déposé dans
cette construction incomplète une partie de son mo-
bilier, l'ouvrier ne serait pas responsable de la perte
de ces derniers, car il ne pouvait pas prévoir qu'ils
s'y trouveraient contrairement à l'usage.

Par contre, ma maison est habitée par moi, et elle
vient à tomber par le vice de sa construction; des
dommages et intérêts me seront dûs non seulement
pour la perte de l'immeuble, mais encore pour celle
des meubles qui y étaient contenus; attendu que
l'entrepreneur devait savoir qu'une maison est faite
pour être meublée.

Il faut donc que le dommage ait pu être prévu,
mais il suffit qu'il ait pu l'être dans sa cause, et il
n'est nullement nécessaire qu'il l'ait été dans sa
valeur. Par exemple, j'ai acheté un domaine quatre
mille francs, mais voici que par suite de la construction d'un chemin d'une ligne de chemin de fer, d'un
canal ou de tout autre évènement favorable dont personne ne pouvait se douter au moment de la conclusion du contrat, la valeur de mon domaine est por-

tée de quatre mille francs à vingt mille francs. Si à ce moment même je suis évincé, le Code civil m'accorde réparation sur une valeur de vingt mille francs et non pas sur quatre mille francs (art. 1633) (1).

Jusqu'à présent nous nous sommes placés dans l'hypothèse de l'inexécution de l'obligation dûe à une simple faute du débiteur, et la fin même de l'art. 1150 nous indique que la règle diffère lorsque cette inexécution est dûe au dol du débiteur. Avant d'entrer dans l'étude de la question, faisons remarquer tout d'abord que ceci constitue une différence avec les délits et quasi délits, où, nous l'avons vu, la moindre faute donne lieu à une réparation complète auissi bien que le dol.

Au commencement de notre thèse nous avons dit quil s'attachait au dol même dans l'application des lois civiles une idée de répression, nous allons trouver une preuve de ce fait dans l'art. 1151 qui traite de la matière dont nous allons nous occuper.

Cet article est ainsi conçu : « Dans le cas même où l'inexécution de l'obligation résulte du dol du débiteur, les dommages et intérêts ne doivent comprendre, à l'égard de la perte éprouvée par le créancier, et du gain dont il a été privé, que ce qui est

1. Pothier des obligations n° 164. — Larombière art. 1150 n° 10. — Demolombe XXIV 590, 595. — *Contrâ* Aubry et Rau V, p. 105 note 41.

une suite immédiate et directe de l'inexécution de la convention. »

Un seul fait peut entraîner une suite considérable de conséquences dommageables, par exemple : vous m'avez vendu un cheval atteint de la morve, maladie essentiellement contagieuse; ignorant l'existence de cette maladie, je place ce cheval dans mon écurie, tous les autres chevaux en sont atteints et meurent, or je suis fermier, et mes chevaux me sont absolument nécessaires pour faire les semailles nécessaires, je ne puis les remplacer à temps et je fais une très mauvaise récolte; de plus je m'étais engagé à faire à une époque déterminée une importante livraison de blé, je ne le puis pas, ma récolte ayant été trop mauvaise, et je suis obligé de payer un dédit considérable. Voilà toute une série de malheurs dûs à cette seule circonstance, la vente que vous m'avez faite d'un cheval malade. Devrez-vous réparation de tous ces dommages?

Si c'est de bonne foi que vous avez agi, si par exemple vous avez été trompé vous-même et que vous n'ayez pas pu vous détromper, l'art. 1150, nous venons de le voir, ne vous obligera à réparer que le dommage que vous avez pu prévoir c'est-à-dire la perte du cheval vendu avec tous les frais accessoires de la vente.

Mais au contraire vous étiez de mauvaise foi, et vous saviez fort bien que le cheval était malade, vous êtes dès lors tenu de m'indemniser non pas de toutes les pertes que nous avons énumérées plus haut, mais de celles qui sont une suite immédiate de la faute, c'est-à-dire de la perte de toute mon écurie et cela alors même que vous auriez absolument ignoré, que j'eusse d'autres chevaux susceptibles d'attraper la maladie. On peut se demander et on s'est demandé en effet si l'art. 1151 devait s'appliquer aux délits et aux quasi-délits.

Il est bien certain que dans son texte l'art. 1151 n'est pas applicable en matière de quasi-délits, puisqu'il suppose l'existence d'un dol et le quasi-délit est une faute non intentionnelle, et que d'ailleurs il est fait pour les contrats et non pour les délits. Mais s'il ne s'y applique pas dans son texte, ne doit-il pas au moins s'y appliquer dans son esprit ? Nous croyons devoir répondre par l'affirmative; si le législateur en effet a sanctionné une telle règle c'est qu'elle trouve son fondement dans ce principe de droit naturel : si le dommage doit être entièrement réparé, dans aucun cas il ne doit devenir le principe d'un gain pour celui qui en a été victime; or il sera souvent bien difficile d'établir l'enchaînement rationnel et véritable des faits, et il sera presque impossible « d'avoir cette certitude d'imputabilité sur laquelle doit se fonder la condamnation du débiteur. »

« Le législateur a pensé, dit M. Larombière, qu'il

existait une limite au delà de laquelle il était impossible de l'avoir. Il n'a pas voulu que le juge s'égarant de conséquence en conséquence dans les voies d'une sorte de fatalité, trompé par les illusions et les apparences mensongères de la filiation incertaine des faits, pût rendre le débiteur responsable de toutes les pertes éprouvées, de tous les gains manqués à la suite et même à l'occasion de l'inexécution de ses engagements, par l'effet d'une succession d'évènements qui ne se rattachent ni directement ni nécessairement les uns aux autres. »

Toutes ces considérations conservent leur force et leur vérité, quand il s'agit d'apprécier la quotité des dommages et intérêts à propos d'un délit ou d'un quasi-délit.

Sous le bénéfice de cette observation, que nous devions faire tout de suite pour garder dans notre travail la suite nécessaire, appliquons au cas d'accident du travail les règles que nous venons d'exposer en ce qui concerne le calcul des dommages et intérêts. De notre point de départ, c'est-à-dire du principe de la responsabilité contractuelle du patron en cas d'accidents du travail, il va sortir une conséquence fâcheuse pour l'ouvrier. Supposons que Primus, engagé comme ouvrier par un patron Secundus, ait, par la suite, contracté un autre engagement vis-à-vis d'un tiers Tertius, engagement pour lequel il est rétribué ; dans le travail qu'il exécute pour le compte de son premier patron Secundus, il est victime d'un accident, qui le met pendant un certain temps dans l'impossibité d'exécuter aucun travail, je suppose que le patron soit reconnu responsable des causes de l'accident, sera-t-il tenu d'indemniser Primus, à raison de la perte qu'il fait du salaire que lui procurait l'emploi qu'il tenait chez Tertius, emploi que par hypothèse l'accident survenu le met dans l'impossibilité de remplir ?

Si le principe de la responsabilité se trouvait dans un délit ou un quasi délit, nul doute que le tribunal ne dût tenir compte de ce préjudice dans le calcul des dommages et intérêts, car nous nous trouvons en face d'un préjudice dont la cause immédiate est sans aucun doute l'accident lui-même. Mais il n'en est point ainsi, et nous croyons avoir démontré que la responsabilité du patron a comme sonrce le contrat de louage d'ouvrage. Il en résulte, à notre sens, que le patron qui, nous le supposons, ne s'est rendu coupable que d'une simple faute et non d'un dol, ne devra aucune indemnité à son ouvrier pour ce préjudice, qui bien que conséquence immédiate de l'accident, et par conséquent de la faute du patron, ne pouvait cependant pas être prévu au moment de la formation du contrat.

CHAPITRE V.

CAPACITÉ.

Dans toutes les matières que nous avons traitées jusqu'à présent, nous avons toujours supposé que nous nous trouvions en présence d'un homme jouissant entièrement de sa liberté et de sa raison. Mais tous les êtres humains ne jouissent pas de ces facultés à un degré suffisant. Aussi le législateur a-t-il à ce point de vue distingué les hommes en deux grandes catégories, d'un côté les personnes capables, comprenant des hommes de capacité diverse mais qui tous sont au moins doués du minimum d'intelligence nécessaire pour se guider dans la vie. De l'autre côté les personnes incapables ou anormales, qui n'ont pas ou sont censées ne pas avoir ce minimum de capacité nécessaire.

On peut classer tous les incapables (1) en trois grandes catégories :

I. Incapacité ayant pour cause l'âge.

1. Nous ne parlerons ici que des incapables pour qui l'incapacité est une protection et non de ceux pour lesquels elle est une peine.

II. Incapacité ayant pour cause l'aberration mentale.

III. Incapacité propre à la femme mariée.

I.

Incapacité ayant l'âge pour cause.

L'homme à la première période de son existence, vit pour ainsi dire complètement d'instinct, il est incapable d'aucun raisonnement, et cela tant au point de vue moral qu'au point de vue utilitaire.

Peu à peu seulement sa raison se développe et parvient à la complète perception des vérités dans l'ordre du devoir et dans celui de l'intérêt.

Si les phases de ce développement intellectuel étaient aussi déterminées que celles du développement corporel, si les lueurs de l'intelligence éclairaient tous les hommes vers la même époque, rien ne serait plus simple que de déterminer l'âge auquel l'homme deviendra capable ; on saurait en effet qu'au dessous de cet âge l'enfant incapable devient capable lorsqu'il l'a dépassé et cette présomption serait parfaitement rationnelle puisqu'elle répondrait à la vérité.

Malheureusement il n'en est pas ainsi, et pour deux raisons : d'abord il est reconnu que l'idée morale s'éveille plus vite dans l'esprit des enfants que celle de l'intérêt, il est vrai que l'on eût pu établir deux majorités, l'une pour les délits, l'autre pour les contrats ; nous verrons d'ailleurs qu'à un certain point de vue et dans une certaine mesure cela a été fait par le législateur.

Mais en outre le développement intellectuel ne se produit pas dans les mêmes conditions pour tous les individus ; il existe certains esprits plus lents que les autres, et cela peut tenir non seulement à la plus ou moins grande vivacité de l'intelligence, mais encore au milieu même ou l'enfant s'est développé, et à la formation plus ou moins complète qu'il a reçue.

Dès lors deux voies pouvaient être suivies par le législateur, qui pouvait ou bien n'établir aucun règle générale et s'en rapporter uniquement à l'apprécia-du juge du fait, ou bien fixer arbitrairement un âge unique pour tous les hommes, âgé au-dessus duquel ils seraient considérés comme capables et au dessous duquel au contraire ils seraient regardés comme incapables. Le premier de ces deux systèmes est appliqué dans le Code civil en ce qui concerne les délits et quasi délits (1310)(1). Le second a été admis par le rédacteur du Code en ce qui concerne les obligations conventionnelles (art. 1305 et art. 388). Re-

1. Nous disions dans le code civil parce que dans le code pénal il n'en est pas de même.

marquons que cette double solution n'a rien d'arbitraire quant à son fondement, elle nous paraît au contraire très-conforme à la nature.

En effet, l'incapacité est établie au profit du mineur, elle constitue pour lui une mesure de protection ; or il est absolument légitime d'établir une telle protection lorsque le mineur se trouve en présence d'une personne qui l'a choisi comme cocontractant, qui a donc commis une première faute en traitant avec une personne qu'elle devait savoir incapable, et qui en a commis une seconde en voulant tirer de son opération un bénéfice exagéré. On sait en effet que le mineur ne peut être restitué que lorsqu'il a été lésé par l'opération ; il serait au contraire odieux d'appliquer la même solution, lorsque le mineur s'est rendu coupable d'un délit ou d'un quasi délit, c'est-à-dire lorsqu'en connaissance de cause il a méconnu un devoir que son intelligence lui permettait de saisir, et lorsque par là il est devenu la cause d'un préjudice pour une personne à qui on ne peut reprocher aucune imprudence puisqu'elle ne pouvait par aucun moyen se garer du dommage dont elle a été victime,

II

Passons maintenant à l'étude de la situation de

l'homme qui bien qu'ayant atteint l'âge de la capacité est cependant privé de tout ou de partie de la raison que possèdent les autres hommes, et se trouve par conséquent dans l'impossibilité plus ou moins complète et plus ou moins continue de comprendre les conséquences de ses actions.

D'après notre droit Français une telle personne peut se trouver dans une des trois situations suivantes :

a). Elle peut être interdite, c'est-à-dire que sur sa demande ou sur celle de ses parents, le tribunal peut la déclarer incapable de s'obliger par ses conventions ; mais ici comme pour les mineurs nous déciderons que cette incapacité générale ne s'applique qu'aux conventions et ne peut produire aucun effet en ce qui concerne les délits ou quasi-délits, et pour ces derniers on se trouve toujours sous l'empire de l'appréciation du fait. L'interdit était-il, au moment où il a commis telle action mauvaise qui a causé un dommage, sous l'empire de la folie, il est déclaré irresponsable parce que pour être responsable il faut avant tout être libre et capable de choisir entre le bien et le mal ; si au contraire il est reconnu que l'interdit a agi pendant un intervalle lucide il sera déclaré responsable, comme le serait un majeur. La raison de cette différence est celle que nous avons indiquée en parlant des mineurs.

b). Elle peut n'être pas interdite, mais enfermée dans une maison de santé ; dans ce cas, depuis la loi du 30 juin 1838, sa situation sera la même que celle de l'interdit.

c). Enfin elle peut n'être ni interdite, ni enfermée dans une maison d'aliénés ; dans ce cas il est nécessaire, pour faire annuler ses actes et empêcher qu'ils produisent leurs conséquences naturelles, et cela aussi bien pour les contrats que pour les délits et quasi-délits, de démontrer que l'acte a été commis sous l'empire de la folie. Il reste cependant sur ce point une différence entre les deux ordres de responsabilité, car à supposer que le fou soit décédé avant d'avoir demandé, ou avant que ses héritiers ou ayant causes aient demandé pour lui la nullité de la convention consentie par lui sous l'empire de la folie, les héritiers ne pourront obtenir que cette nullité soit reconnue, qu'autant qu'avant la mort de leur auteur ils auront fait prononcer ou tout au moins tenté de faire prononcer l'interdiction [de leur auteur, à moins cependant que la preuve de la démence ressorte de la convention elle-même, la règle que nous indiquons plus haut n'existerait plus dans ce cas. Rien de pareil n'existe en ce qui concerne les délits ou quasi-délits.

III.

Arrivons enfin à la femme mariée, l'incapacité dont elle est frappée ne concerne que le pouvoir de contracter, dès lors rien ne s'oppose à ce qu'elle soit tenue de réparer les conséquences dommageables de ses délits ou quasi-délits dans les conditions mêmes où le serait un individu jouissant de la capacité normale ; et cette conclusion devrait être admise alors même que l'on devrait vendre l'immeuble dotal, au cas où la femme serait mariée sous le régime dotal. Cette solution était déjà admise dans l'ancien droit français et Argou nous dit : «Enfin, quand la femme commet des récélés, ou qu'elle vole son mari durant le mariage, ses biens dotaux en sont responsables, et c'est un cas particulier où la femme peut diminuer sa dot par sa dissipation. »

Etant donnée pour les trois ordres d'incapables cette différence entre le délit et la convention, on s'est demandé si le dol dans l'exécution d'un contrat avait pour résultat de transformer l'inexécution contractuelle en un délit.

La jurisprudence a répondu à cette question par la négative et c'est nous à tort semble-t-il.

Voici dans quelle espèce la Cour a été appelée à se prononcer :

En 1881 la duchesse de Bauffremont reçut de M.
Cuvier, l'avance d'une somme de dix mille francs,
remboursable immédiatement par la livraison de bestiaux pris dans le troupeau du domaine de Fontenail-
les, qui était immeuble dotal et par conséquent inalié-
nable ainsi que tous les bestiaux qui s'y trouvaient ;
là duchesse refusa d'exécuter son obligation, et M.
Cuvier obtint du tribunal de Tours, le 17 avril 1883,
un jugement qui condamnait la duchesse à des dommages et intérêts. Le jugement passé en force de
chose jugée, Cuvier saisit le domaine de Fontenail-
les. La duchesse demanda la nullité de la saisie pour
cause de dotalité. Sur ce, jugement du tribunal civil
de Tours du 11 décembre 1883, qui rejette la demande en nullité des poursuites par la raison que
les obligations qui motivent la saisie proviennent
de délits, et que l'inaliénabilité dotale reçoit exception dans ce cas. Sur appel de Mme de Bau-
fremont, la Cour d'Orléans décida que le dommage
subi par Cuvier étant la conséquence d'un contrat
librement accepté par lui, et quoique la duchesse de
Beauffremont se fût bien rendue coupable d'un dol,
ce dol ne pouvait pas avoir pour résultat de transformer l'inexécution contractuelle en un délit, donna
raison à Mme de Bauffremont et prononça la nullité de la saisie opérée par Cuvier, et sur pourvoi

formé par ce dernier la Cour suprême confirma purement et simplement l'arrêt rendu à Orléans.

Cette solution nous paraît difficile à justifier. Nous avons cependant contre nous sur ce point l'avis de la Cour de cassation et de plus l'autorité d'un de nos maîtres les plus distingués : je veux dire M. Labbé, aussi n'est-ce qu'après mûre réflexion que nous nous sommes décidé à ne pas le suivre sur ce point.

Nous allons tout d'abord exposer les arguments par lesquels M. Labbé prétend soutenir son opinion et nous nous efforcerons de les réfuter.

Voici en quels termes s'exprime l'illustre professeur : « En ce qui concerne la réparation des délits, le législateur trace au juge pour l'estimation du préjudice, une règle unique ; l'indemnité doit être adéquate au dommage provenant du délit, toutes les conséquences préjudiciables du méfait doivent contribuer à l'établissement du chiffre de la condamnation (C. civ. act. 1382).

Le législateur, au contraire, en matière de contrat inexécutés, dirige par des nuances et retient le juge dans la fixation des dommages et intérêts, il lui pose des limites à observer. En aucun cas le juge ne doit tenir compte de ce qui n'est pas une suite immédiate et directe de l'inexécution de la convention. Il y a plus : le législateur distingue expressément le débiteur de bonne foi et le débiteur coupable de dol ; il tempère davantage pour le premier le montant des dommages et intérêts, en les bornant au préjudice qui a pu être prévu lors du contrat. (C. civ. act. 1150, 1151).

Voilà un système d'évaluations propres au contrat et le dol y figure comme élément de décision. Nous sommes autorisés à dégager de ces dispositions spéciales à l'estimation de l'indemnité encourue cette idée générale : le dol du débiteur contractuel ne transforme par la nature de sa dette, et ne le précipite pas des règles modérées des contrats sous les règles plus sévères des délits.

Ces observations nous paraissent très exagérées. Et d'abord est-il exact de dire, comme le fait M. Labbé que le législateur admet en ce qui concerne les délits une évaluation du dommage plus strict et plus sévère qu'en ce qui regarde les contrats ?

Quand nous nous plaçons sur le terrain de la faute simple ou proprement dite, on doit certainement répondre affirmativement à cette question, l'art. 1150 n'est certainement pas applicable aux délits ou quasi-délits, mais la solution nous paraît devoir être tout autre lorsque nous nous trouvons en présence de manœuvres frauduleuses. Nous avons déjà, en traitant du calcul des dommages intérêts, indiqué pourquoi nous admettions que l'art. 1151 devait être étendu au cas où il s'agit d'un délit, parce que nous semblait-il, il est toujours injuste de faire répondre quelqu'un de dommages qui peuvent n'être pas la conséquence de sa faute. Sur ce point Pothier, auquel ont été empruntés les art. 1150 et 1151 est très précis et décide tout-à-fait dans notre sens : « La raison de la différence (dans le calcul des « dommages et intérêts entre le cas de simple faute « et celui de dol) est évidente. Cette modération qui « se pratique à l'égard des dommages et intérêts « ordinaires, est fondée sur ce principe que nous « avons exposé ci-dessus qu'un débiteur ne peut « être censé avoir voulu s'obliger pour dommages « et intérêts à une plus grande somme que celle à « laquelle il a pu penser que pourraient monter au « plus haut les dommages et intérêts auxquels il se « soumettait en cas d'inexécution de son obligation. « Or ce principe ne peut avoir d'application aux « dommages et intérêts qui résultent du dol ; parce « que quiconque commet un dol, s'oblige indistinc- « tement *velit*, *nolit*, à la réparation du tout que « son dol causera.

« Il doit cependant être laissé à la prudence du « juge, même en cas de dol, d'user de quelque in- « dulgence sur la taxation des dommages et in- « térêts.

« Ces décisions ont lieu, soit que le dol ait été

« commis *delinquendo*, soit qu'il ait été commis
« contrahendo ».

Donc la première observation de M. Labbé n'a
pas, à notre sens, une grande portée. Mais il continue en ces termes : « Un autre article a été invo-
« qué. Le mineur n'est pas restituable contre les
« engagements résultant de ses délits (C. civ. art.
« 1310). La loi ne dit pas et personne ne conclura
« de l'art. 1310 que le mineur ne soit pas restitua-
« ble contre les obligations découlant des contrats,
« par cela seul qu'ils les aurait infectés de procédés
« dolosifs ». Cette argumentation ne nous paraît
pas plus solide que l'autre et la refutation peut être
tirée de l'art. 1307. Cet article est ainsi conçu :
« La simple déclaration de majorité faite, par le
mineur ne fait point obstacle à sa restitution ».
De ce texte on conclut *a contrario*, très généralement, que lorsque le mineur ne s'est pas
borné, à une simple déclaration, mais a employé
des manœuvres franduleuses pour faire croire à
sa majorité, on conclut *a contrario* du texte de
l'art. 1307 qu'il n'est pas restituable contre les
conventions qu'il aura formées à la suite de pareilles
manœuvres. Du reste, cet argument *a contrario*
(peu estimable en général) est corroboré par l'exposé des motifs de l'article et des passages de sa
discussion. C'est ainsi que Bigot de Préameneu di-

sait : « Si cependant celui qui veut s'en prévaloir (de la déclaration de majorité) prouvait que le mineur l'a trompé, s'il prouvait par exemple que le mineur a représenté des actes faux, ce ne serait plus cette simple déclaration dont parle la loi ». Un autre passage est plus clair encore, il est tiré de l'exposé des motifs de l'art. 1305 présenté par le tribun Jaubert, lequel s'exprime en ces termes : « Notre projet se bornant à dire, continue-t-il après avoir cité les textes des lois romaines, que la déclaration de majorité faite par le mineur ne fait point obstacle à sa restitution, décide par cela seul qu'il y a obstacle à la restitution, lorsqu'il y a plus que la simple déclaration de majorité, et laisse aux juges le soin d'appliquer le principe suivant les circonstances ».

Or, nous semble-t-il, aucune différence sérieuse n'existe quant à son caractère juridique, quant à sa portée, quant faute qui peut être reprochée au créancier qui a traité avec un mineur, entre le dol qui a présidé à la naissance même du contrat et celui qui se produit dans l'exécution de la convention. Dès lors le mineur devra réparation de ces deux sortes de dol au même titre, c'est-à-dire qu'il ne sera pas restituable, car la meilleure réparation qui puisse être accordée à celui qui a subi un préjudice dans de telles conditions est le maintien de la convention, malgré la lésion. Ce raisonnement peut être étendu à tous les autres ordres d'incapables et entre autres à la femme mariée, même sous le régime dotal. Nous terminerons donc en disant : le dol du débiteur contractuel transforme son obligation conventionnelle en obligation délictuelle.

CHAPITRE VI.

PRESCRIPTION.

Nous avons déjà étudié un certain nombre de questions au point de vue desquelles la controverse que nous avons exposée dans notre première partie peut présenter un intérêt, du moins d'après certains systèmes qu'en général nous avons combattus. Nous arrivons ici à une dernière question qui sans présenter peut-être un très-grand intérêt pratique doit cependant être étudiée pour que ce travail soit complet, je veux parler de la prescription.

Pour indiquer quel intérêt la question est susceptible de présenter nous devons nous placer dans une hypothèse spéciale. Il est certain en effet que tant que nous restons confinés sur le terrain du droit civil par l'action qui dérive d'un délit et celle qui trouve sa source dans une inexécution contractuelle sont soumises à une seule et même prescription : la prescription trentenaire.

Mais il pourra arriver et il arrivera, souvent surtout dans le cas où le préjudice atteindra une personne au lieu d'atteindre une chose, que le fait dommageable, dont la cause occasionnelle a été l'exécution d'un contrat, en même temps qu'une réparation civile, impose à son auteur une responsabilité pénale. C'est dans ce cas qu'il pourra être très intéressant de rechercher si ce fait, à supposer qu'il constitue une faute, est un délit ou une inexécution contractuelle.

L'article 637 du Code d'instruction criminelle nous dit en effet : « L'action publique et l'action civile résultant d'un crime de nature à entraîner la peine de mort, ou des peines afflictives perpétuelles ou de tout autre crime emportant peine afflictive ou infamante, se prescriront après dix années révolues à compter du jour où le crime aura été commis, si dans cet intervalle il n'a été fait aucun acte d'instruction ni de poursuite.

S'il a été fait dans cet intervalle des actes d'instruction ou de poursuite non suivis de jugement, l'action publique et l'action civile ne se prescriront qu'après dix années révolues, à compter du dernier acte, à l'égard même des personnes qui ne seraient pas impliquées dans cet acte d'instruction ou de poursuite. »

Dans les deux articles suivants : 638 et 639 le législateur applique ce même principe, sauf les changements quant aux délais, aux délits et aux contraventions.

Ce que nous voulons retenir de ces trois articles, c'est que dans les cas de crime, de délit, de contraventions, l'action civile qui prend naissance au profit de la victime est intimement lié, quant à la prescription, à l'action publique.

Mais dans quels cas y a-t-il action civile dans le sens où ce mot est employé dans l'article 637? Sur cette question la controverse est très-ardente.

Cette difficulté avait déjà été soulevée par les jurisconsultes de l'ancien droit. D'Argentrée s'était occupé de la question et il proposait une distinction: de deux choses l'une, ou bien l'auteur du crime du délit ou de la contravention s'est enrichi par suite de sa faute, ou bien au contraire cette faute n'a été pour lui cause d'aucun enrichissement. Dans le premier cas, la victime réclamera tout simplement la chose dérobée et son action sera purement civile.

Dans l'autre, au contraire, elle n'aura droit qu'à des dommages et intérêts et ce sera seulement dans ce dernier cas que son action sera civile au sens que le droit pénal donne à ce mot (1).

1. *Etiamsi si per vim aut delictum, res adeum perveneril, nec criminali actioni per criminalem hic præjudiciabutur quia civilis actio in hoc casu, non a causa delicti sed aliunde nascitur, scilicet a rei vindicatione.*

Cette distinction était généralement rejetée et bien que l'on puisse trouver quelques arrêts dans ce sens, les tribunaux s'étaient pourtant en général décidés dans le sens contraire.

La théorie de d'Argentrée n'a plus de partisans de nos jours, mais la controverse, pour avoir changé de terrain, n'en est pas moins vive.

Dans son très remarquable traité de la diffamation M. Grellet Dumazeau soutient que l'action civile, au sens que donne à ce mot le code d'instruction criminelle, action que l'auteur appelle mixte, a un double caractère, parce qu'elle est formée d'un double élément : « Eh bien, si nous nous rendons un compte exact de la position de cette partie (partie civile) nous découvrons très nettement dans sa demande ce double intérêt : 1° l'intérêt à pourvoir à la sécurité de sa personne ou de sa propriété en faisant réprimer le délit pour en prévenir le retour ; 2° l'intérêt à obtenir la réparation du préjudice matériel que le délit a occasionné. » Le premier de ces intérêts relève uniquement de la juridiction répressive, le second, au contraire, ne peut faire l'objet que d'une action civile (1382), et ce n'est qu'à cause de sa connexité avec le premier que le tribunal repressif pourra en connaître. Il ressort de là, bien entendu, que lors même que la victime d'un délit aurait laissé passer le temps dans lequel elle aurait pu intenter

utilement l'action mixte, elle peut toujours, pendant
la période de temps qui reste à courir avant l'évènement de la prescription trentenaire, intenter devant les tribunaux civils l'action de l'article 1382
pour obtenir réparation du préjudice causé.

Je crois que cette opinion ne doit pas être admise,
car tout d'abord elle est contraire aux précédents
historiques et si nous rencontrons dans l'ancienne
jurisprudence des arrêts adoptant l'idée de d'Argentrée il est impossible d'en rencontrer un seul
qui consacre l'opinion de M. Grellet-Dumazeau ; du
reste, je crois que ce système se heurte à un formi-
dable argument de texte. En effet, l'article 1 du Code
d'instruction criminelle nous dit dans son 2ᵉ alinéa :
« L'action en réparation du dommage causé par un
crime ou un délit ou par une contravention, peut
être exercée par tous ceux qui ont souffert de ce
dommage » et l'article 2 ajoute : L'action publique
pour l'application de la peine s'éteint par la mort du
preneur.

L'action civile pour la réparation du dommage
peut être exercée contre le prévenu et contre ses
représentants.

*L'une et l'autre action s'éteignent par la prescription
ainsi qu'il est réglé au livre II, titre VII chapitre V, de
la Prescription.*

Puis l'article 3 ajoute : « L'action civile peut être

poursuivie en même temps et devant les mêmes
juges que l'action civile.

Elle peut l'être séparément : dans ce cas, l'exercice en est suspendu tant qu'il n'a pas été prononcé
définitivement sur l'action publique intentée avant
ou pendant la poursuite de l'action civile.

Quand on rapproche ces trois textes, il me paraît
difficile d'admettre le système proposé par M. Grellet
Dumazeau, car la distinction qu'il établit est formellement condamnée par l'art. 2 et l'art. 1, 2,
alinéa.

D'ailleurs, remarquons que l'article 1382 dépend
d'un chapitre intitulé : Des délits et des quasi délits, ce qui prouve que l'action en dommages et intérêts qu'autorise cet article comprend dans son en-
tier la réparation du préjudice causé par l'acte délictueux. Donc il n'y a pas, ainsi que le prétend le
système que nous combattons, deux principes d'action différents, mais un seul, celui de l'article 1382.
Mais à cause de sa liaison intime avec l'action publique, cette action civile participe un peu à son caractère pénal.

Du reste, ne voit-on pas que cette opinion va directement contre les articles 637 et suivants du
code d'instruction criminelle ; elle revient en effet
à dire que l'action civile résultant au profit de la
victime d'un fait délictueux, ne sera jamais prescrite

que par trente ans, puisqu'elle suit toutes les règles des actions purement civiles.

Le même argument auquel s'ajoutera celui tiré de l'article 3 du Code d'instruction criminelle nous servira à rejeter l'opinion de M. Bourguignon qui s'exprime ainsi : « Il n'est pas douteux que lorsque l'action publique et l'action civile sont exercées simultanément, elles se prescrivent l'une et l'autre par le même laps de temps, et dans les cas déterminés par les articles 637 et 638. Mais lorsque la partie civile, exerce, par la voie civile, son action en restitution ou en dommages-intérêts, naissant d'un crime ou d'un délit, cette action peut-elle être repoussée par le même genre de prescription? » L'auteur conclut pour la négative. Mais nous venons de dire pourquoi cette solution nous paraît inadmissible. La jurisprudence d'ailleurs condamne également cette opinion 3 août 1841 (S. 41. I. 753); Lyon 7 juin 1842 (S. 42. II. 343); Bordeaux, 31 juillet 1848 (S. 49. II. 81); Lyon, 4 avril 1851 (S. 51. II. 434).

On admet donc, en général, que toute personne qui a été personnellement lésée par un crime, un délit ou une contravention peut se porter partie civile et qu'alors son action, fût-elle intentée devant les tribunaux civils, est soumise, quant à la prescription aux règles posées dans les articles 637 et suivants du Code d'inst. crim.

Il en est tout autrement lorsqu'au lieu de venir d'un délit le dommage vient de ce qu'une convention légalement formée n'a pas été exécutée. Sur ce point la jurisprudence est certaine et la doctrine est à peu près d'accord.

M. Mangin dans son livre *De l'action publique et de l'action civile* (p. 2, n° 367), présente très clairement cette règle : « Mais faites attention que cette règle (art. 367 et suiv.) ne s'applique qu'aux seules réparations civiles, qui naissent du délit, qui y trouvent leur fondement, qui y puisent leur principe, et ne l'étendez pas aux actions qui résultent d'un contrat préexistant, le délit provînt-il de sa violation. »

Ainsi il a été jugé que la prescription de l'action criminelle pour dilapidation des deniers publics, n'emporte pas prescription de l'action civile en remboursement des sommes dûes par le comptable. « Considérant que c'est à tort que le sieur D.., invoque l'ordonnance de la chambre du conseil du 8 mai 1818 et l'article 637 du Code d'instruction criminelle ; que cet article est inapplicable à la demande dont il s'agit, laquelle est étrangère aux intérêts civils qui pouvaient résulter pour la régie de l'action criminelle déclarée éteinte par la décision sus-énoncée ; que, par cette décision, en déclarant éteinte par prescription l'action criminelle et celle en réparation civile qui en dépendait, le tribunal n'a pu déclarer prescrite l'action qu'avait la régie pendant trente ans, suivant l'article 2262 du Code civil, pour réclamer contre le sieur D..., les sommes dont il était constitué redevable envers elle sur sa recette, etc, » Arrêt du 23 janvier 1822 (S. 22, I, 316). Je pourrai citer dans le même sens, Paris, 25 mars 1825, (S. 25, II. 7) Cass. 16 août 1845 (S. 45. I. 494).

Maintenant prenons l'hypothèse dont nous nous nous sommes principalement occupés dans ce travail, celle des accidents du travail. Si, comme le soutient la jurisprudence la responsabilité du patron est délictueuse, l'action qui appartient à l'ouvrier pour obtenir des dommages et intérêts pourra être soumise à une prescription très courte. Il arrivera souvent en effet qu'à côté de cette responsabilité civile le patron pourra être poursuivi correctionnellement pour homicide par imprudence ou pour coups et blessures involontaires et dès lors l'action civile comme l'action publique serait prescrite par trois ans.

Si au contraire, comme nous le soutenons, le patron est tenu en vertu du contrat de louage, l'ouvrier aura toujours trente ans pour demander réparation du préjudice causé.

Nous l'avons dit, cet intérêt est peut-être plus théorique que pratique, parce que en général, l'ouvrier
n'attendra pas même trois ans pour exercer son
droit de réclamation. Nous devions cependant traiter
cette question d'autant plus que nous nous sommes
placés à un point de vue beaucoup plus théorique
que pratique.

POSITIONS

Droit romain

Positions prises dans la thèse.

I. — L'action *in factum* dont parle le § 16 aux Instituts *de lege Aquilia,* n'a rien de commun avec l'action *utilis in factum.*

II. — Les textes ne font aucune différence entre les contrats dans l'intérêt *utriusque* et ceux dans l'intérêt *solus accipientis.*

III. — Une faute contractuelle peut donner naissance à l'action *legis Aquiliæ,* mais seulement à la condition qu'elle constitue réellement une faute d'après la loi du contrat.

IV. Le texte de la loi 5 § 3 IX, t. II, au Digeste a été altéré et au lieu de *Julianus... dubitat,* il faut lire *Julianus... non dubitat.*

Positions prises hors de la thèse.

V. — Le collège des Fétiaux n'était pas juge de la légitimité des motifs de la guerre.

VI. — La possession *ad usucapionem* peut être acquise dans certains cas indépendamment de toute tradition.

VII. — Dans la théorie primitive l'usucapion n'exigeait ni juste titre ni bonne foi.

VIII. — Le colonage partiaire n'a pu être une *locatio conductio* à cause du caractère formaliste de la *merces.*

Droit civil

Positions prises dans la thèse.

I. — La responsabilité du patron et celle du voiturier en ca
d'accidents arrivés aux ouvriers ou aux voyageurs, ont leur source
dans les contrats de louage d'ouvrages ou de transport, et non
dans les art. 1382 et suivants.

II. — De cet exposé de principe, il ne résulte pas, ainsi que le
prétendent certains auteurs, que la charge de la preuve, en ce qui
concerne la faute, doive être transportée de la tête de l'ouvrier
sur celle du patron.

III. — Ce renversement de la preuve doit, au contraire, être
admis, eu ce qui concerne les accidents de transport, dont les
voyageurs ont été victimes.

IV. L'art. 1302 n'édicte pas de présomption de faute il n'est que
l'application en matière contractuelle, de la règle : *reus in excipiendo actorest.*

Positions prises en dehors de la thèse.

V. — La concession d'un droit de chasse ou de pêche au profit
des propriétaires successifs d'un domaine sur des fonds voisins
ayant fait partie de ce domaine, constitue une servitude personnelle nulle d'après l'art. 686.

VI. — Les époux gardent la propriété de leurs meubles propres
soûs la communauté d'acquêts.

VII. — L'art 1733 ne déroge point au principe posé dans l'art.
1302.

VIII. — Le bail à colonat partiaire est un louage, malgré les
éléments de société qu'il contient.

Droit administratif

I. — Les arrêts de la Cour des Comptes peuvent être attaqués
devant le Conseil d'État pour incompétence ou excès de pouvoir.

Droit commercial

I. — Le capital des sociétés anonymes doit nécessairement être divisé en actions.

II. — Le droit de demander la nullité d'une société annonyme, constituée en violation des prescriptions de la loi de 1867, ne peut se prescrire ni par 10 ans ni par 30 ans.

Droit pénal

I. — Le bénéfice de l'âge peut être invoqué pour la première fois en cassation.

vu :
Le président de la thèse,
ESMEIN.

vu :
Le doyen,
COLMET DE SANTERRE.

VU ET PERMIS D'IMPRIMER :
Le vice-recteur de l'Académie de Paris,
GRÉARD.

TABLE DES MATIÈRES

Droit Romain

Introduction.. 1
Ire Partie — Chapitre I. — Loi Aquilia....... 5
    Chapitre II. — Action de la loi Aquilia......... 22
    Chapitre III. — De la preuve.................... 41
    Chapitre IV. — Concours de l'action Aquilienne
        avec d'autres actions...................... 46
IIe Partie. — Chapitre I. — Faute contractuelle............. 50
    Chapitre II. — De la preuve.................... 83

Droit Français

Chapitre I. — Faute et responsabilité. — Faute contractuelle et faute délictuelle. — Éléments essentielle des deux fautes. — Distinction.. 1
Chapitre II. — De la preuve........................... 63
Chapitre III. — De l'irresponsabilité contractuelle....... 105
Chapitre IV. — Dommages et intérêts.................. 123
Chapitre V. — Capacités.............................. 146
Chapitre VI. — Prescriptions.......................... 160

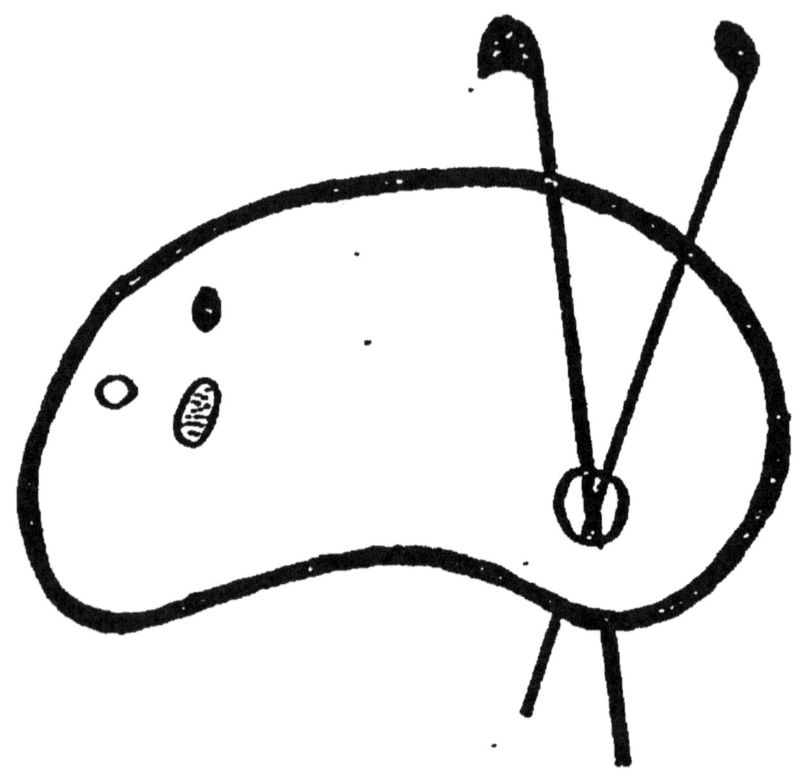